HARVARD BUSINESS ESSENTIALS

GERENCIANDO A CRISE

HARVARD BUSINESS ESSENTIALS

Outros títulos da série:

Contratando e mantendo as melhores pessoas
Ferramentas para empreendedores
Finanças para gerentes
Gerenciando mudança e transição
Negociação
Gerenciando a crise
Estratégia
Tomando decisões
Gerenciando projetos grandes e pequenos
Criando equipes

HARVARD BUSINESS ESSENTIALS

GERENCIANDO A CRISE

RICHARD LUECKE

Tradução
RYTA VINAGRE

Revisão técnica
RAFAEL DUTON
Mestre em Administração de Empresas

6ª EDIÇÃO

EDITORA RECORD
RIO DE JANEIRO • SÃO PAULO
2024

CIP-Brasil. Catalogação na fonte
Sindicato Nacional dos Editores de Livros, RJ.

L964g
6ª ed.

Luecke, Richard
Gerenciando a crise: dominando a arte de prevenir desastres / Richard Luecke; consultoria de Larry Barton; tradução Ryta Magalhães Vinagre. – 6ª ed. – Rio de Janeiro: Record, 2024.
(Harvard Business Essentials)

Tradução de: Crisis management
Apêndices
Inclui bibliografia
ISBN 978-85-01-07496-6

1. Administração de crise. I. Título. II. Série.

CDD – 658.4056
CDU – 658:316.48

06-4617

Original work copyright © 2004 Harvard Business School Publishing Corporation

Published by arrangement with Harvard School Press

Título original norte-americano
CRISIS MANAGEMENT

Texto revisado segundo o Acordo Ortográfico da Língua Portuguesa de 1990.

Capa: Sérgio Campante sobre foto de David Hartman

Direitos de publicação exclusiva em língua portuguesa no Brasil adquiridos pela
EDITORA RECORD LTDA.
Rua Argentina 171 – Rio de Janeiro, RJ – 20921-380 – Tel.: 2585-2000 que se reserva a propriedade literária desta tradução

Impresso no Brasil

ISBN 978-85-01-07496-6

Seja um leitor preferencial Record.
Cadastre-se e receba informações sobre nossos lançamentos e nossas promoções.

Atendimento e venda direta ao leitor:
sac@record.com.br

Sumário

Introdução 9

1. A avaliação dos perigos em potencial 17

O que pode dar errado?

Fontes de crise em potencial 18

Identificação de crises em potencial 29

Priorizando as crises em potencial 34

Resumo 37

2. Evitando o que pode ser evitado 39

É melhor prevenir...

Prepare um programa sistemático para impedir a crise 42

Esteja atento aos sinais de crises iminentes 45

Olhe antes de pular 47

Não se esqueça do seguro 49

Resumo 51

3. Planejamento de contingência 53

Preparando-se hoje para os problemas de amanhã

Passo 1: Organize uma equipe de planejamento 56

Passo 2: Avalie a extensão do problema 57

Passo 3: Desenvolva um plano 58

Passo 4: Teste o plano 61

6   Gerenciando a crise

Passo 5: Mantenha o plano atualizado   63

Você está pronto?   64

Como uma empresa planeja e se prepara para a crise   68

Resumo   70

4. Reconhecimento da crise   71

Onde há fumaça, há fogo

Diferentes sinais de alerta   72

Por que os alertas são ignorados   77

Soluções   80

Resumo   83

5. Contenção   85

Como evitar que uma situação ruim fique pior

Regra 1: Aja rápida e decisivamente   87

Regra 2: Coloque as pessoas em primeiro lugar   88

Regra 3: Esteja presente   89

Regra 4: Comunique-se generosamente   91

Na dúvida, deixe que seu treinamento, seus valores e instintos o guiem   95

Resumo   96

6. Solução da crise   97

A estrada para a recuperação

Aja com rapidez   98

Reúna informações continuamente   100

Comunique-se sempre   101

Documente suas ações   102

Use as técnicas de gestão de projetos quando for adequado   103

Seja um líder   108

Declare o fim da crise   112

Resumo   113

Sumário

7. **Como dominar os meios de comunicação** 115

Emplaque a sua história
Lide cuidadosamente com a mídia   116
Combine meio e mensagem em diferentes segmentos   123
Perguntas mais frequentes   127
Resumo   131

8. **Aprendendo com a sua experiência** 133

Pegue as lições onde as encontrar
Marque o final de uma crise   135
Registre a resposta à crise   136
Absorva as lições aprendidas   138
Resumo   143

Apêndice A: Ferramentas úteis de implementação 145

Apêndice B: Como redigir um comunicado à imprensa 149

Notas   153

Leituras recomendadas   157

Sobre o consultor   161

Sobre o autor   162

Índice remissivo   163

Introdução

Em 1º de fevereiro de 2003, o ônibus espacial Columbia, com sua tripulação de sete pessoas, estava reentrando na atmosfera da Terra e descendo para um pouso na Base Edwards da Força Aérea, na Califórnia. A tripulação realizara mais de oitenta experimentos, muitos relacionados com a aplicação da microgravidade. Mas a missão agora acabara, e a grande nave estava indo para casa. Restavam apenas vinte minutos da missão e tudo prosseguia de acordo com o planejado. Depois da decolagem, reentrar na atmosfera sempre foi a fase mais perigosa da exploração espacial. Após transpor o vácuo do espaço em velocidades que ultrapassam os 27 mil quilômetros por hora, uma espaçonave mergulha gradualmente na atmosfera fechada, criando um atrito que produz calor e submete a nave a uma pressão enorme. Os veículos espaciais norte-americanos dependem de materiais isolantes térmicos e da habilidade de pilotagem de seus comandantes para lidar com estes dois perigos e descer com segurança. Nesse dia de fevereiro, contudo, algo saiu terrivelmente errado. O Columbia se desintegrou como um meteoro ao entrar na atmosfera, matando sua tripulação e chocando milhões de pessoas no mundo.

O que deu errado — e por quê? Estas foram perguntas feitas pelo Conselho de Investigação do Acidente do Columbia; sete meses depois da tragédia, o conselho divulgou suas descobertas, com fortes críticas à Administração Nacional de Aeronáutica e Espaço (Nasa), que administrava o programa espacial. O conselho identificou a causa do acidente em um pedaço de material isolante no foguete auxiliar. Durante o lançamento, uma parte deste isolamento se rompeu, atingindo e danificando chapas resistentes ao calor na borda dianteira da asa esquerda do Columbia. Durante a reentrada, o calor elevado conseguiu penetrar na estrutura da asa a ponto de danificar e por fim fundir suas estruturas de suporte, levando à perda do controle da nave. Sem controle, o calor e a pressão da reentrada desfizeram o Columbia em pedaços. Esta foi a causa física do acidente. Mas como pôde acontecer? Por trás da causa física, o conselho detectou uma falha organizacional que tornou o acidente possível — se não inevitável. Seu relatório concluiu que a cultura organizacional da Nasa era muito mais falha do que o pedaço de espuma que provocou o golpe fatal nas placas de proteção da asa. De acordo com sua opinião, as causas organizacionais do acidente baseavam-se na história e na cultura do programa espacial, inclusive em anos de restrição de recursos, prioridades flutuantes, pressões do cronograma e falta de uma visão nacional para o voo espacial humano. Descobriu-se que a cultura e as práticas da Nasa prejudicavam a segurança. Estas incluíam a dependência do sucesso passado como um substituto para a engenharia minuciosa, barreiras organizacionais à comunicação de informação crítica de segurança e diferenças profissionais de opinião reprimidas.[1] Em particular, o conselho de investigação apontou para atitudes que eram "incompatíveis com uma organização que lida com tecnologia de alto risco".[2]

Para piorar, os investigadores concluíram que a estrutura e os processos do programa espacial, e portanto os gerentes encarregados, resistiam ao tipo de informação nova que podia ter evitado o desastre. Eles também não conseguiram desenvolver planos contingenciais simples para uma emergência na reentrada. "Eles estavam convencidos, sem análise, de que nada podia ser feito em tal emergência. A curiosidade intelectual e o ceticismo, necessários a uma sólida cultura de segurança, eram praticamente inexistentes."[3]

O desastre do Columbia foi um golpe sério para a Nasa e para seu programa espacial. A vida de sete astronautas e um veículo espacial de bilhões de dólares foram perdidos. As missões espaciais seguintes precisaram de ser adiadas até que se tivesse certeza de que a nave irmã do Columbia era segura para voar. Juntos, estes fatores arruinaram o esquema de exploração espacial da Nasa. E como a espaçonave era o principal veículo para o reabastecimento da Estação Espacial Internacional, este último programa ficou igualmente ameaçado.

Introdução

Talvez ainda pior, o moral dos funcionários foi abalado e a reputação da Nasa, de excelência e competência, ficou muito maculada. O público não a via mais como a organização que tudo pode, cujas proezas no espaço emocionaram o mundo durante as décadas de 1960-70. Dada a tragédia do Columbia e a avaliação crítica do conselho de investigação, será que o público apoiaria uma redução da missão da Nasa? O Congresso diminuiria os financiamentos futuros? Como a administração da Nasa enfrentaria esta crise? Poderia ela resolver o problema?

Toda organização, não só as de alto risco como a Nasa, está sujeita a crises, quer ela perceba ou não. Considere os seguintes exemplos:

- Os reguladores do governo descobrem que alguns funcionários de uma importante empresa de fundos mútuos envolveram-se em atividades ilegais de corretagem — que reduziram o retorno dos acionistas. Algumas semanas depois desta revelação, os investidores e os fundos de pensão retiraram bilhões de dólares do fundo, ameaçando sua continuidade.

- Um petroleiro afunda, despejando mais de 250 mil barris de petróleo nas águas de um estuário puro do Alasca. Chovem multas e contas de limpeza — e também processos e cartas de clientes e acionistas ultrajados.

- Um gerente de portfólio tenta produzir um rendimento maior para os acionistas do fundo do mercado monetário mediante o uso de derivativos especulativos; ninguém percebeu. Quando os derivativos se desenredaram, os investidores — inclusive muitas instituições de caridade e de arte — perderam 25% de seu dinheiro. E a empresa perdeu o que passou décadas construindo: a boa vontade e a confiança da comunidade.

- Dois dias depois de sua empresa iniciante de alta tecnologia fazer sua oferta pública inicial, o CEO/fundador — e o verdadeiro cérebro da empresa — morre em um acidente de trânsito. Os funcionários e investidores se perguntam: "O que vai ser desta empresa?"

12   Gerenciando a crise

- Milhões de norte-americanos assistiram a um documentário de televisão que exibiu um carro de um determinado fabricante explodindo em chamas durante um acidente simulado. Muitos ficam ultrajados e juram nunca mais comprar um veículo desta empresa. Um mês depois, a empresa revelou provas de que os produtores do documentário armaram a batida para que resultasse num incêndio. Mas a verdade tem pouco efeito na opinião pública; os danos à empresa e a sua reputação já haviam sido feitos.

Cada uma das histórias citadas envolveu uma empresa real em uma crise real. Reconhece alguma delas? Será que uma situação parecida pode ocorrer com a sua empresa?

Uma *crise* é uma mudança — seja repentina ou gradual — que resulta em um problema urgente que deve ser abordado imediatamente. Para uma empresa, uma crise representa qualquer coisa com potencial para causar danos súbitos e graves a seus funcionários, a sua reputação ou a seu resultado financeiro.

Uma crise importante afetará toda a organização e, em alguns casos, como os da Enron e do Banco Barings, pode levar ao colapso. Os gerentes cujas organizações estão em meio a uma crise devem agir rapidamente para reconhecer sua origem, contê-la e, por fim, resolvê-la com o menor dano possível. Neste sentido, a administração da crise é uma parte de um sistema maior de gestão de risco organizacional que inclui a diversificação e o seguro. E, embora cada leitor certamente possa se lembrar de uma situação de crise em sua organização ou em outra, poucos gerentes se planejam ativamente para crises em potencial. Um número ainda menor recebe treinamento para conduzi-las. Nenhuma destas deficiências deve nos surpreender, porque a gestão de crises como campo formal de estudo e treinamento é relativamente nova, tendo surgido somente nas últimas três décadas. Este livro tem como objetivo remediar esta situação, explicando os fundamentos da gerência de crises. Não o tornará um especialista, mas lhe dará um arcabouço prático para combater e dominar um evento prejudicial não planejado e imprevisto.

Introdução 13

O que temos pela frente

Já parou para pensar nas muitas coisas que podem dar errado em sua empresa? Algumas são causadas pela natureza: uma nevasca paralisante, um terremoto ou uma inundação. Outras provêm de atos da maldade humana ou de comportamento criminoso: o funcionário emocionalmente perturbado que chega ao escritório com rancor, ou o diretor financeiro de confiança que conspira em segredo para fugir das obrigações fiscais da empresa. São muitas as origens de potenciais crises organizacionais. O Capítulo 1 analisa as origens habituais e propõe um método prático e sistemático que você pode usar para identificar aquelas que mais provavelmente afetarão sua empresa — na realidade, uma auditoria do risco. Irá ajudá-lo a priorizar os riscos em termos de seu potencial impacto monetário e a probabilidade de sua ocorrência.

Depois de desenvolver uma auditoria do risco de crise e priorizar seus elementos, você estará pronto para o passo seguinte, que é evitá-lo. Como explica o Capítulo 2, os gerentes praticam a fuga da crise o tempo todo, em geral sem que sequer pensem nisso — ela pode ser comum como os controles financeiros internos que impedem o desfalque ou tão complexa quanto o design que impossibilita que um comprador se machuque ao usar um novo cortador de alimentos da empresa. Este capítulo oferece um método que você e seus colegas podem usar para buscar sistematicamente formas de evitar crises associado com itens de sua auditoria do risco. O método requer que você compare o custo de evitar o risco com o custo provável que ele infligiria. Ao comparar o custo potencial de uma crise com o custo de evitá-la, você estará em melhor situação para tomar uma decisão sobre como alocará os escassos recursos.

O Capítulo 3 trata de planejamento de contingência, ou preparação diária para os reveses potenciais do futuro. Este planejamento envolve organizar e tomar o máximo de decisões possível antes que aconteça a crise, quando há mais tempo para se considerar opções e não existe pressão nem pânico. Os planos de contingência não são elaborados para prevenir crises, mas podem reduzir os seus danos e fazer com que a situação volte ao normal mais rapidamente. Este capítulo propõe um programa de cinco passos para o planejamento de contingência:

organizar a equipe de planejamento, avaliar a extensão do problema, desenvolver um plano, testá-lo e mantê-lo atualizado. Desenvolva planos de contingência para cada risco sério que pode ser evitado e sua chance de resistir a uma crise futura aumentará.

O Capítulo 4 o ajudará a reconhecer uma situação de crise antes que ela saia de controle. Algumas crises são evidentes por si mesmas: você pode receber um telefonema na noite em que seu depósito de produtos acabados está em chamas e provavelmente queimará até o fim. É incontestável. Outras são menos óbvias. Por exemplo, funcionárias podem ter se queixado, entre elas, do comportamento inadequado do chefe, mas nenhuma delas levou o problema ao departamento de recursos humanos. Há boatos sobre esta situação, mas nada de concreto — e ninguém está verificando os rumores.

Algumas crises são como fogo: começam pequenas em uma área não observada. Se sentir cheiro de fumaça e notar o fogo cedo, você evitará uma crise maior. Se deixados de lado, estes problemas latentes podem se tornar infernos catastróficos. Está ouvindo boatos constantes sobre um gerente que não está jogando de acordo com as regras? A empresa demitiu ou ignorou um funcionário que fica se queixando de problemas de segurança? Seus instintos lhe dizem que há alguma coisa errada? O Capítulo 4 trata do reconhecimento da crise. Ele o alertará para os primeiros sinais de problemas iminentes e explicará por que tantos deles passam despercebidos. Melhor ainda, este capítulo lhe dará conselhos práticos para tornar sua organização mais sintonizada com os sinais de alerta da crise.

Depois que a equipe de gestão da crise reconhece um problema, a primeira responsabilidade do grupo é contê-lo antes que se torne pior. O Capítulo 5 insta os gerentes de crises a agir rápida e decisivamente, a colocar as pessoas em primeiro lugar, a estar visivelmente presentes e a se comunicar abertamente. Estas ações ajudarão a conter a adversidade. Na verdade, é mais fácil falar em agir rápida e decisivamente do que fazer. Nas fases iniciais de uma crise, em geral as informações são poucas. Mas sentar e esperar que todos os fatos sejam reunidos e processados dará à crise tempo para crescer. Assim, o que os gerentes devem fazer? O capítulo os aconselha a se apoiar em seu treinamento e plane-

Introdução

jamento quando a situação é sombria. Eles também devem permitir que seus valores e melhores instintos os guiem.

A resolução da crise é o tema do Capítulo 6. A ação rápida e eficaz na frente de contenção resultará em uma crise menor e mais administrável. A partir deste ponto, a tarefa da equipe de gestão da crise é se manter acima do problema e não descansar até que ele esteja resolvido e a situação tenha voltado ao normal. Novamente, recomendam-se a ação rápida e a comunicação. Em alguns casos, como depois de um desastre natural, uma equipe de gestão de crises encontrará ferramentas de gestão de projetos extremamente úteis na solução de seu problema. Como é explicado neste capítulo, crises e projetos têm muitos elementos em comum. Por exemplo, ambos são atividades que fogem da rotina e raramente se repetem, e exigem as habilidades e a experiência de pessoas de muitas funções diferentes. As principais fases da gestão de projeto são explicadas no contexto da resolução da crise.

A mídia — jornais, televisão e rádio — representa um desafio especial de comunicação para os gerentes de crises, um desafio para o qual poucos executivos são treinados. Se abordados com sensatez, os veículos de comunicação podem contar sua história como você quiser contextualizá-la. Lide mal com a mídia, por outro lado, e sua empresa pode ser publicamente prejudicada. O Capítulo 7 oferece conselhos sobre como se relacionar com a mídia. Além disso, recomenda que você identifique os diferentes segmentos de seu público e elabore mensagens adequadas para cada um deles. Isto é o que sua empresa faz quando se comunica com o mercado de clientes, e você deve fazer o mesmo ao se comunicar com seus vários interessados: funcionários, clientes, fornecedores, investidores, líderes comunitários e assim por diante. Além de tudo, o capítulo recomenda que você canalize suas mensagens segmentadas usando o veículo adequado.

O último capítulo trata de aprendizagem. Toda crise tem um preço. Mesmo que você resolva a sua com eficácia e com um alto grau de profissionalismo, haverá encargos em termos de dinheiro, tempo, moral e imagem pública. Dados estes custos, você pode igualmente conseguir algo em troca. As organizações inteligentes aprendem com cada experiência e aplicam este aprendizado em desafios futuros. Aprender as torna mais sábias e mais eficazes. Este capítulo dá dicas úteis sobre o encerramento de uma equipe de crise e como você pode usar seu conhecimento para evitar e/ou se preparar para crises subsequentes.

Depois de ler estes capítulos, você encontrará algumas seções suplementares: dois apêndices e uma lista de livros e artigos que pode querer consultar à medida que expandir sua experiêcncia em gestão da crise. Os apêndices contêm:

- Uma lista de contatos de emergência de pessoas e números de telefone; complete esta lista e a mantenha à mão, prevendo crises no futuro — e certifique-se de que esteja atualizada.

- Uma lista de verificação de "30 sinais de alerta de problemas em potencial".

- Uma planilha útil para fixar as lições aprendidas em uma crise.

- Um modelo para a redação de um comunicado eficaz à imprensa.

A seção intitulada "Leituras recomendadas" contém referências a livros e artigos recentes — muitos deles clássicos — que fornecem mais material ou insights singulares sobre os tópicos abordados aqui. Se quiser aprender mais sobre qualquer um dos tópicos que incluímos neste livro, estas referências o ajudarão. Além disso, o site oficial da Harvard Business Essentials, www.elearning.hbsp.org/businesstools, oferece versões interativas gratuitas de ferramentas, listas de verificação e planilhas citadas neste livro e em outros da série Harvard Business Essentials.

O conteúdo deste livro é fundamentado em várias fontes, em particular no módulo Gestão de Crise do Harvard ManageMentor®, um serviço on-line da Harvard Business School Publishing.

A avaliação dos perigos em potencial

O que pode dar errado?

Principais tópicos abordados neste capítulo

- *Principais fontes de crise em potencial*
- *Auditoria sistemática de risco de crise*
- *Um método prático para avaliar os diferentes riscos*

O IDEAL É QUE A GESTÃO de crises comece antes que uma crise realmente ocorra — em um ambiente tranquilo e imparcial. Ela começa com uma auditoria completa dos riscos organizacionais e com a identificação daqueles que podem resultar em grandes problemas. Este capítulo explicará como realizar uma auditoria semelhante e proporá um método que você pode usar para priorizar os riscos que têm o maior potencial — e a maior probabilidade — de gerar problemas. Mas, primeiro, vamos considerar as principais fontes de crise em potencial.

Fontes de crise em potencial

Seria impossível relacionar cada crise em potencial numa empresa, mas entender algumas categorias principais de risco pode ajudá-lo a identificar os tipos de crise que você e sua organização precisam evitar (se possível) e para as quais devem estar preparados. Muitos riscos são determinados pelo simples negócio da empresa. Por exemplo, um fabricante de dispositivos médicos pode estar correndo forte risco de ser processado por causa de lesões ou efeitos colaterais prejudiciais vividos pelos usuários de seus produtos. Lembra da Robbins, fabricante do dispositivo anticoncepcional intrauterino Dalkin Shield? A Robbins não existe mais. Um mar de processos por lesão pessoal levou a empresa à falência.

A avaliação dos perigos em potencial   19

Muitas empresas aprenderam com a experiência a ficar de olho nas fontes específicas de risco relacionadas com seu setor e a desenvolver planos para lidar com elas. Considere as seguintes:

- **Grandes companhias aéreas.** Estatisticamente, um passageiro que viaja por uma grande companhia aérea está mais seguro do que outro que usa qualquer transportadora. Todavia, em geral um único acidente é catastrófico. Reconhecendo esta vulnerabilidade, as maiores companhias aéreas se concentram na possibilidade de acidentes, como evitá-los e como lidar com os resultados. A maioria está bem preparada para lidar também com sequestros.

- **Empresas do setor químico e petrolífero.** Estas empresas devem sempre estar em guarda contra a possibilidade de explosões e o despejo de material tóxico ou poluente no ambiente. Qualquer um destes eventos pode criar uma crise grave.

- **Processadores e embaladores de alimentos.** Devido ao atual alto volume de processamento de carne, laticínios e outros alimentos, enormes quantidades de produtos contaminados e potencialmente letais podem ser rapidamente distribuídos por uma ampla área geográfica e causar danos antes que algum problema seja identificado. Foi o que aconteceu em 2001, quando a IBP, Inc., a maior produtora de carne de vaca do mundo, teve de recolher mais de 250 mil quilos de carne — a produção de um único dia — contaminadas com *E.coli*. Na época em que anunciaram o recolhimento, a carne tinha sido distribuída em 31 estados norte-americanos, e grande parte dela fora consumida por clientes desavisados. Os pecuaristas sofrem um risco ainda maior de catástrofe, como demonstrou a experiência no Reino Unido com a doença da vaca louca e a febre aftosa. Estes surtos resultaram na ruína financeira de muitos produtores e arrasaram as comunidades rurais.

- **Empresas de serviços financeiros.** Os corretores de valores têm uma longa história de constrangimentos de relações públicas e crises na confiança do cliente. A maioria é causada por recomendações inadequadas de investimento por um ou outro corretor. Geralmente estes problemas são resolvidos por arbitragem. Outros casos prejudiciais ocorrem quando corretores não ana-

20 Gerenciando a crise

lisam de forma adequada investimentos que estimulam seus representantes a recomendar aos clientes. Na década de 1980, por exemplo, dezenas de corretores norte-americanos promoveram pagamentos de anuidades emitidas por uma corretora de seguros que se descobriu mais tarde ser incapaz de honrar seus compromissos. O fato de que estes corretores promoveram estas anuidades como investimentos seguros, adequados para aposentados e outros clientes avessos ao risco, agravou as consequências, e eles tiveram de refinanciar centenas de milhões de dólares aos clientes prejudicados.

Quais são as maiores áreas de vulnerabilidade de sua empresa? Há alguém cuidando delas?

Acidentes e eventos naturais

Um acidente ou evento natural de magnitude catastrófica pode surgir inesperadamente — seja um terremoto, tufão, tornado, furacão, nevasca, inundação, incêndio ou outro desastre. E não pense que isso não pode acontecer com você. As empresas sediadas no centro de Chicago nunca pensaram no risco de inundação até que um acidente estranho alagou seus porões no início de 1992, destruindo os sistemas de energia elétrica, água e aquecimento/refrigeração. A inundação começou quando os trabalhadores que estavam instalando vigas novas abriram um buraco do tamanho de um carro no fundo do rio Chicago, um curso de água canalizado e inofensivo que serpenteia placidamente pelo centro da cidade. O buraco desembocou em um túnel ferroviário abandonado, que rapidamente alagou, mandando a água do rio para os porões de grandes prédios no distrito financeiro da Windy City. Na falta de energia elétrica, serviços públicos e água limpa, milhares de escritórios tiveram de fechar as portas por três ou quatro dias, causando perdas estimadas em US$ 1,95 bilhão.

O impacto de acidentes e eventos naturais também pode ser sentido indiretamente. Graças às ligações da cadeia de suprimentos, um incêndio ou inundação em qualquer outro lugar do mundo podem criar uma crise em seu país. Por exemplo, um incêndio com perda total em uma fábrica de baterias no Japão

A avaliação dos perigos em potencial

teve um impacto profundo na Motorola, que dependia exclusivamente da fábrica japonesa para fornecer uma única bateria. Este incêndio atrasou em meses a produção de alguns itens da Motorola.[1]

Desastres ambientais e de saúde

Ao contrário dos eventos naturais, alguns desastres relacionados com o ambiente e a saúde, embora não necessariamente causados por uma empresa, estão diretamente relacionados com ela. A empresa é responsável — ou é considerada responsável — por lidar com eles. Pense nos seguintes exemplos:

- **Contaminação de produtos.** A interferência de um agente externo pode prejudicar os consumidores e afetar a imagem geral de seu produto e de sua empresa. Foi o que aconteceu com a Johnson & Johnson no infame caso do Tylenol. Várias pessoas foram envenenadas em outubro de 1982, quando alguém de fora da empresa inseriu cápsulas com cianeto em vários frascos que continham o popular analgésico. A Johnson & Johnson reagiu a esta crise com rapidez e eficácia, recolhendo todos os produtos Tylenol e substituindo-os por embalagens à prova de contaminação. Embora a empresa não tenha causado nenhuma morte nem lesões, foi ela quem pagou um preço enorme. A perda total do recolhimento do produto, do desenvolvimento da nova embalagem e do prejuízo nas vendas ultrapassou US$ 1 bilhão.

- **Acidentes catastróficos.** É dispendioso causar danos reais às pessoas e consertá-los. E os processos resultantes podem ocasionar uma cobertura da mídia desfavorável à empresa por anos. A explosão que ocorreu em uma fábrica química da Union Carbide em Bhopal, na Índia, em 1984, é provavelmente a pior destas catástrofes nos últimos tempos, considerando-se mortes e lesões (estima-se que morreram 7 mil pessoas, e um número ainda maior ficou ferido). O vazamento em 1986 da usina nuclear de Chernobyl, na antiga União Soviética, fica em segundo lugar. O custo total destes acidentes trágicos — para as empresas e as vítimas — não pode ser calculado.

- **Danos ambientais.** O mundo industrializado tem progredido bastante em sua compreensão do meio ambiente e dos impactos adversos de muitas atividades humanas sobre ele. Muitas empresas têm tomado medidas positivas para eliminar ou minimizar as possíveis consequências ambientais de suas atividades. Outras fazem os negócios de sempre displicentemente, até que as multas e a censura pública as surpreendem. Há empresas ainda que estão pagando hoje pelos atos de uma geração anterior de gerentes, embora aqueles atos na época não fossem ilegais. O problema contínuo da General Electric (GE) no rio Hudson, no estado de Nova York, é um exemplo importante. A GE usava PCBs (hidrocarbonos clorados), muitas décadas atrás, na fabricação de transformadores e outros equipamentos elétricos em suas fábricas ao longo do Hudson. Uma grande quantidade da substância desceu o rio e se depositou no fundo. À medida que aumentou o conhecimento dos efeitos dos PCBs para a saúde na década de 1970, sua fabricação e uso foram proibidos nos Estados Unidos. A GE obedeceu, mas os PCBs continuaram no sedimento do rio perto de suas fábricas. O resultado tem sido uma longa história de litígios, estudos de saúde e, mais recentemente, planos onerosos para dragar e remediar partes do rio Hudson.

Panes tecnológicas

Você se lembra do Grande Blecaute de 2003? Uma pequena falha na rede elétrica dos Estados Unidos provocou o colapso do fornecimento de energia em uma área imensa, que ia da cidade de Nova York ao Meio-Oeste. Na época em que este livro foi escrito os danos ainda estavam sendo computados. Incidentes semelhantes atingiram a Itália e a Noruega em 2003.

As panes técnicas que acontecem em larga escala também ocorrem em pequena escala em cada empresa. Todos sabem o que acontece quando o servidor da empresa cai. Não é possível enviar ou receber e-mails. O acesso a seus bancos

A avaliação dos perigos em potencial

de dados evapora. Os clientes não podem fazer pedidos pela internet. É claro que interrupções breves raramente constituem uma crise. Mas algumas, sim. Por exemplo, em fevereiro de 2000, hackers lançaram o primeiro grande ataque da Era da Internet. Seus alvos incluíram Yahoo!, Amazon.com, eBay, CNN e E*Trade — a maior das grandes operadoras on-line. A arma neste caso foi um ataque de "negação de serviço", em que os invasores bombardearam um servidor dos alvos com milhares de acessos.

A comunidade de compradores e vendedores de leilões do eBay foi duramente atingida pela invasão. Os vendedores cujos leilões estavam se encerrando naquele dia encontraram poucos lances. Não que os compradores não estivessem ali; eles simplesmente não conseguiam fazer suas últimas ofertas. O custo para o eBay e para milhares de vendedores foi alto.

Auxílios na capacidade de back-up

Embora prejudicado pelo ciberataque em fevereiro de 2000, o eBay sofreu menos do que a maioria dos outros sites-alvo. Como descreveram os escritores David Bunnell e Richard Luecke: "Os problemas do eBay (...) foram na verdade menos graves do que podiam ter sido graças ao plano de longo prazo da empresa de aumentar sua infraestrutura de computadores. Estima-se que [a empresa] tenha investido US$ 30 milhões em servidores de backup e outros equipamentos com o objetivo de garantir uma capacidade excessiva substancial (...). [Esta] capacidade aumentada amorteceu o golpe." O popular site de leilões ainda teve de fazer acordos com os vendedores cujos leilões foram interrompidos. E teve de garantir a sua comunidade de usuários que estava tomando medidas para evitar uma recorrência. A capacidade extra de sua infraestrutura, porém, transformou o evento em algo menos do que uma crise real.

Fonte: David Bunnell e Richard Luecke, *The eBay Phenomenon* (Nova York: John Wiley & Sons, 2000), 151.

O potencial de crise por panes técnicas aumenta à medida que as empresas tornam-se mais dependentes de computadores para comunicação, armazenagem de informações, pesquisa, compras e vendas. Muitas atualmente não podem funcionar sem suas máquinas e softwares inteligentes. No entanto, o poder da computação e das telecomunicações torna estas mesmas empresas altamente vulneráveis a perda de dados, falhas de segurança, invasões e panes comuns de equipamento.

Onde estão as vulnerabilidades tecnológicas de sua empresa? Há alguém tomando medidas para encontrá-las e protegê-las?

Forças econômicas e do mercado

Os corretores de valores e economistas gostam de dizer "Uma maré alta levanta todos os barcos", o que é uma maneira de dizer que todas as empresas (ou a maioria delas) saem-se bem durante os bons tempos da economia. O contrário deste ditado é "Quando a maré baixa, todos os barcos descem". Os preços das ações tendem a cair juntos — inclusive de empresas que estão se saindo muito bem.

Na verdade, a sorte de todas as empresas está de certa forma ligada aos altos e baixos do ciclo econômico. As fases de baixa são particularmente perigosas para empresas com custos fixos altos — tais como fabricantes com contratos de trabalho inflexíveis e investimentos pesados em fábricas e equipamentos. Suas contas mensais são altas mesmo quando o fluxo de receita seca durante recessões, levando ao encolhimento do dinheiro e, em alguns casos, a uma crise subsequente.

Algumas organizações se veem expostas a um ciclo "nas graças de/em desgraça". As empresas de biotecnologia e pontocom são exemplos gritantes. Os investidores alternam o amor e o ódio a elas. E estas empresas — que são principalmente iniciantes — dependem de infusões regulares de dinheiro do investidor para continuarem vivas. Considere este exemplo:

A avaliação dos perigos em potencial   25

Uma jovem empresa de biotecnologia, que realiza pesquisas de células-tronco, tem uma "burn rate"* de US$ 100 mil por mês. Ela possui US$ 1,2 milhão em caixa e nenhum produto pronto para venda. Isso significa que a empresa precisará de uma infusão de dinheiro dos investidores em 12 meses.

Isto é uma crise? Não necessariamente. Se o setor de biotecnologia está nas graças dos investidores, e se a empresa tem uma equipe meritória de cientistas trabalhando em uma cura maravilhosa de uma doença comum, é provável que apareça mais dinheiro. Se ela está em desgraça, porém, será difícil conseguir capital de investimento. A empresa estará caminhando para o desastre. Depois que o dinheiro acabar, ela vai implodir.

Se você está na sua empresa há alguns anos, entende como a organização é afetada pelos altos e baixos do ciclo de negócios. Seu diretor financeiro teria um plano para escorar a solvência da empresa durante as fases de baixa? Este plano é digno de confiança ou foi testado?

Funcionários trapaceiros

Todas as empresas dependem de pessoas para conseguir que as coisas sejam feitas. E em uma época caracterizada por limites de controle mais distendidos e uma necessidade maior de velocidade e flexibilidade, elas estão dando aos funcionários maior liberdade de ação no que diz respeito às decisões. O "empoderamento" (*empowerment*) do funcionário em geral tem sido uma boa medida, liberando o engenho e o esforço pessoal que no passado eram sufocados sob controles hierárquicos. Mas esse poder tem um aspecto negativo. Um funcionário que age sem consulta ou supervisão estreita pode lançar a organização numa crise. Eis alguns exemplos:

• Um capitão de polícia de uma grande cidade fez vista grossa para o constante assédio sexual sofrido por três patrulheiras em sua delegacia. A política do

---

*Não há tradução literal consolidada para este termo; significa a quantidade de capital que uma empresa gasta para manter-se, independente de gerar receitas. (N.R.T.)

município proíbe este tipo de comportamento, mas a cidade também dá aos capitães das delegacias a responsabilidade pela imposição da lei. Neste caso, a lei não estava sendo imposta. Movidas por seu tratamento ruim, as três mulheres abriram um processo judicial contra o capitão, o departamento e a prefeitura. Elas ganharam uma indenização de US$ 900 mil, e toda a força policial conseguiu um olho roxo.

- No infame escândalo de pedofilia em Boston de 2001 a 2003, os clérigos seniores católicos rotineiramente — e por anos — acobertaram os crimes de mais de uma dezena de padres abusadores. A solução deles às queixas dos membros leigos da Igreja foi transferir os padres transviados para outras paróquias, onde eles procuraram novas vítimas. A revelação destes crimes e de seu ocultamento provocou um escândalo que acabou com a carreira do arcebispo de Boston, custou US$ 85 milhões em processos judiciais e criou uma enorme perda de respeito para a Igreja.

Alguns setores fazem o máximo para garantir que um funcionário, ou um supervisor que atue como agente de sua empresa, não crie uma violação legal ou ética. Por exemplo, os corretores de ações de empresas de títulos devem observar o primeiro mandamento de seu setor: "Conheça vosso cliente." Antes de se envolver em qualquer transação, um corretor deve indagar sobre o objetivo do investimento do cliente, o conhecimento do investimento, renda, valor líquido e suscetibilidade ao risco. As ações, títulos e outros produtos financeiros recomendados pelo corretor devem ser adequados às realidades daquele cliente — este é o segundo mandamento do setor. Os supervisores devem, de acordo com as regras da bolsa de valores, monitorar a transação de cada corretor de ações para garantir o cumprimento daqueles dois mandamentos. Além disso, cada empresa deve ter um departamento de compliance, cujo único propósito é garantir que todas as transações estejam em conformidade com as regras do governo e da bolsa de valores.

E no entanto, apesar da regulamentação, do treinamento e dos departamentos de compliance, os roubos de clientes não foram eliminados do setor

A avaliação dos perigos em potencial

de títulos. Não se passa um só mês sem um relato de uma viúva avessa ao risco convencida a investir as economias de toda uma vida em uma carteira arriscada de ações ordinárias e títulos podres, ou qualquer coisa que pague uma alta comissão ao corretor. Estas violações raramente atingem o nível de crise nas empresas de corretagem. Mas suas revelações maculam a imagem de confiabilidade e boa administração de que depende cada organização. Esta foi a experiência de 12 grandes empresas de serviços financeiros norte-americanas no final de 2002, quando elas concordaram em pagar um total combinado de mais de US$ 1 bilhão em multas e processos judiciais. A Comissão de Valores Mobiliários (SEC) e os regulamentadores do estado acusaram estas empresas de permitir que conflitos de interesses influenciassem suas recomendações de ações aos clientes. Os promotores revelaram que os analistas acusados estavam fornecendo as ações de várias empresas a investidores mesmo depreciando suas perspectivas futuras. O motivo para estas mensagens conflitantes era um choque de interesses que estimulou os analistas a recomendarem algumas ações como forma de bajular as empresas emissoras, cujos negócios de investimento, com altas comissões, eles procuravam.

Sua empresa tem alguns funcionários "soltos" atuando como seus agentes? Se tiver, fique em guarda. Mesmo que eles sejam brilhantes e tragam dinheiro, seus métodos podem colocar sua empresa em desonra. E seus gerentes e supervisores? Eles estão fazendo seu trabalho ou são inclinados a relaxar desde que seus subordinados estejam produzindo resultados?

Os eventos da natureza, da saúde e do ambiente, a tecnologia, as forças do mercado e os funcionários trapaceiros podem prejudicar qualquer e todos os ativos mais importantes de uma empresa: seu pessoal, seu resultado financeiro e sua reputação. Eles não são a única origem de crise em potencial, mas devem ser considerados quando você realizar uma auditoria de risco.

Como um funcionário trapaceiro afundou um banco centenário

O Banco Barings, fundado no século XVIII, era estabelecido no mundo das finanças britânico. Era também o banco da monarquia do país. Entre seus funcionários, havia um jovem corretor chamado Nicholas Leeson, que trabalhava no escritório de Cingapura. Os chefes de Leeson pensavam que ele estava arbitrando contratos de futuros — isto é, tentando lucrar com as variações de preço para os mesmos contratos em diferentes mercados, especificamente a Bolsa de Valores de Osaka e a Bolsa de Valores de Cingapura. Em geral a arbitragem não é um jogo arriscado. O corretor compra contratos em um mercado e imediatamente os vende em outro, onde o preço é ligeiramente maior. Embora as diferenças de preço entre os mercados costumem ser pequenas, os volumes comerciados pelos arbitradores (*arbitrageurs*) são grandes, permitindo a um operador habilidoso obter um bom lucro.

O que estes chefes em Londres não sabiam, porém, é que Leeson estava fazendo um jogo mais perigoso, vendendo opções de compra e de venda nos mesmos contratos de futuros: uma estratégia conhecida como *straddle*. Se o mercado tivesse continuado estável, Leeson poderia ter ganhado suas apostas e obtido um dinheiro substancial para o banco, mas um terremoto desastroso em Kobe, no Japão, criou enormes flutuações de preços, que abalaram suas posições. Trabalhando freneticamente para evitar uma perda, ele aumentou suas apostas. Usando uma conta fraudulenta, ele tentou aumentar artificialmente o valor de seus contratos, comprando-os em enormes quantidades. O esquema falhou e seguiram-se prejuízos terríveis. O venerável Banco Barings saiu do negócio e Nick Leeson foi preso.

Será que os gerentes de Leeson relaxaram no monitoramento de suas atividades? Provavelmente. Poderia uma supervisão mais estreita ter identificado a atitude dele antes que os danos fossem provocados? Talvez sim, talvez não. As táticas de corretagem em futuros e opções são perturbadoramente complexas. E o fato de que ele usou uma conta fraudulenta podia ter escondido o jogo até da análise mais profunda.

A avaliação dos perigos em potencial 29

Identificação de crises em potencial

Saber onde procurar crises em potencial é o primeiro passo na realização de uma auditoria da crise. A tarefa seguinte é examinar sistematicamente as fontes para identificar coisas que possam levar a problemas no futuro. Algumas representarão riscos mais onerosos do que outras, algumas terão mais chance de ocorrer. Não fique preocupado agora com a magnitude e a probabilidade de diferentes riscos. No momento, faça apenas uma lista de situações que podem levar a grandes problemas.

Várias cabeças pensam melhor do que uma

Quando procurar por crises em potencial, procure por inputs diversos e variados. As perspectivas das pessoas sobre o risco diferem, e algumas podem ver perigos em potencial que outras desconsideram completamente. Ao conversar com muitas pessoas — membros de equipe de projeto, funcionários nas unidades operacionais, assessoria corporativa, clientes e fornecedores — você pode recolher informações surpreendentes. Por exemplo, um distribuidor pode lhe dizer: "Tivemos um número surpreendente de seu pneu de automóvel modelo 34-973 devolvido por clientes no mês passado devido a explosões." Esta informação deve incitá-lo a examinar mais de perto. Explosões de pneus são perigosas; podem resultar na lesão do cliente e em um recall oneroso do produto. A experiência do distribuidor pode ser a dica de um problema perigoso, mas oculto, para sua empresa.

Para lhe disponibilizar a maior parte dos insights, as pessoas devem se sentir livres para dizer o que pensam — isto é, para falar abertamente de problemas que elas veem que estão fermentando. Se há o hábito de punir os que dão o alerta, ou se a alta gerência não dá atenção a suas advertências, os funcionários nada dirão. Por exemplo, o pessoal de vendas no campo de uma empresa reclamava, entre eles mesmos, de que seus chefes estavam passando tempo demais em suas salas e no campo de golfe, e quase nenhum tempo confrontando as ameaças competitivas ao negócio. Mas ninguém disse nada, por medo de repercussões pessoais. Os produtos por fim perderam participação de mercado e a empresa foi adquirida por um concorrente.

Até que ponto sua organização é aberta aos alertas dos funcionários? As pessoas que soam o alarme são recompensadas, ignoradas ou punidas?

Use uma abordagem sistemática

A melhor maneira de concluir uma auditoria completa de risco é abordá-lo em unidades operacionais, departamentos e equipes de trabalho. A alta gerência pode dar insights importantes, mas as pessoas mais preparadas para detectar situações que produzem risco estão ainda mais abaixo na organização. Estes funcionários reúnem-se regularmente para formular planos e orçamentos, avaliar a concorrência e seu próprio desempenho e reconhecer oportunidades para a melhoria. A identificação de risco deve estar em sua lista de afazeres. Pense neste exemplo:

Os gerentes de fabricação, marketing, controle de estoque e compras da BuildIt, uma fabricante de porte médio, estão se reunindo para discutir planos de trabalho e níveis de produção. Eles marcam esta reunião a cada poucos meses. Como questão de política, este grupo passa parte de seu tempo num brainstorming dos riscos para a empresa. Muitos dos perigos que enfrentam são rotina, como lesões em potencial aos funcionários da linha de produção e grandes panes em equipamento. Estes riscos são abordados respectivamente pelo seguro, pelo rigoroso programa de segurança da fábrica e redundância de equipamento, e assim não são o foco da atenção do grupo.

O que mais importa para estes gerentes são os riscos externos, sobre os quais eles têm pouco ou nenhum controle. No curso de sua sessão de brainstorming, o gerente de marketing levanta a potencial perda de um cliente essencial. "A Gizmo Products foi responsável por quase 25% de nossas vendas

A avaliação dos perigos em potencial

31

de componentes nos últimos cinco anos", informa. "Tem sido um cliente valioso." Ele depois explica que o gerente de compras da Gizmo, com quem tem um bom relacionamento, se aposentará no final daquele ano. "O substituto do gerente será contratado de fora, então não tenho certeza do que esperar ou em que pé vamos ficar com a conta da Gizmo. Um novo comprador pode querer analisar todas as grandes contas, e isso pode resultar em uma mudança desfavorável para nós. Com uma nova pessoa ali, temos uma probabilidade de 50% de perder a conta."

Os gerentes reunidos concordam que a potencial perda da conta da Gizmo deve ser listada como um risco importante, algo que perturbaria adversamente seus planos e orçamentos. Poderia levar a uma crise financeira para a empresa? "Vinte e cinco por cento é um preço muito alto para nosso negócio", diz o gerente de fabricação. "Este é um risco que devemos monitorar de perto."

Para que sejam sistemáticas na identificação de crises em potencial, discussões como esta devem ser realizadas em todas as áreas da empresa, e em cada nível. Não deixe esta tarefa à alta gerência. Os gerentes seniores não vão conhecer Henry, o funcionário frustrado e irritado que faz o trabalho de entrada de dados no quarto andar. Eles não sabem que o supervisor de Henry acabou de preteri-lo numa promoção, dando o cargo a Janice, que Henry despreza. Nem vão saber que a esposa dele acaba de pedir o divórcio, exigindo a casa, a custódia dos filhos e dois terços do pagamento dele como pensão. Não, a alta gerência não sabe nada de Henry, embora ele seja uma bomba-relógio que pode explodir sem nenhum aviso.

Quais são as bombas-relógio de sua empresa? A Figura 1.1, "A lista das 10 piores coisas que podem acontecer", contém uma planilha que você e seus colegas podem usar para identificar seus riscos-chave e o que podem fazer com elas. Você pode baixar cópias desta mesma planilha e de outras ferramentas úteis do site da série Harvard Business Essentials: www.elearning.hbsp.org/businesstools.

32   Gerenciando a crise

FIGURA 1.1
A lista das 10 piores coisas que podem acontecer

Alguns gerentes acham útil criar uma lista das dez piores coisas que podem acontecer no trabalho e o que eles fariam nestas situações. Use esta ferramenta para registrar sua própria lista, ou peça a uma equipe ou grupo de trabalho para desenvolver uma lista.

Situação	O que eu farei/nós faremos com isso
1.	
2.	
3.	
4.	
5.	
6.	
7.	
8.	
9.	
10.	

Fonte: Harvard ManageMentor® sobre Gestão de Crise.

Adote a mentalidade de um assassino

Quando começam a cogitar as crises que podem atingir suas empresas, as pessoas pensam principalmente em situações que já viveram — ou naquelas de que souberam pelos noticiários. É mais difícil pensar além das fronteiras da experiência pessoal. Mas é daí que vêm os perigos reais. Ian Mitroff e Murat Alpaslan sugeriram uma nova técnica para ir além da fronteira — adotar o papel de um assassino interno. Eles explicam: "Sempre pedimos (...) a executivos para se imaginarem como assassinos ou terroristas internos. Isso os libera para suspender sua racionalidade e códigos morais e lhes permite usar seu conhecimento íntimo dos produtos, procedimentos e sistemas da empresa para elaborar maneiras de destruí-la, seja de dentro ou de fora."[2]

Mitroff e Alpaslan citam o caso de uma empresa de seguro-saúde cujos executivos formaram três equipes de "terroristas". Cada uma foi solicitada a elaborar esquemas que os funcionários individuais, agentes externos e trapaceiros de

A avaliação dos perigos em potencial

dentro ou de fora podiam usar para furtar a empresa. "Para grande surpresa e constrangimento de todos, as três equipes apareceram com esquemas engenhosos que a organização não fora capaz de detectar." Recomendou-se à empresa, então, que criasse equipes de contraterrorismo para encontrar maneiras de frustrar os esquemas. Esta simulação apontou áreas operacionais que eram mais vulneráveis a fraudes.

Dicas para identificar crises em potencial

Sua empresa tem uma abordagem sistemática para identificar crises em potencial? Se não tiver, eis algumas sugestões práticas:

- Faça da identificação de risco um componente regular do planejamento e avaliação do negócio. Depois que se tornar parte de seu processo administrativo, os participantes estarão mais conscientes dos perigos que podem se transformar em crises graves. Algumas empresas agora têm planos de auditoria — aqueles gerentes responsáveis por identificar ameaças continuamente. Para ameaças como incêndio e atos de violência, eles fazem simulações com autoridades locais uma ou duas vezes por ano.

- Realize a identificação de risco em todos os níveis, de cima a baixo. Envolva todo o pessoal relevante.

- Além de olhar para dentro, olhe para fora de sua organização. Isso significa incluir o pensamento de clientes, fornecedores, analistas do setor e outros.

- Pense em todas as maneiras pelas quais você pode criar danos para sua empresa. O que você pode imaginar, outras pessoas podem fazer.

34   Gerenciando a crise

Você saberia como fraudar sua empresa e sair ileso? Poderia pensar em uma maneira de prejudicar fisicamente seus clientes, contaminando os produtos? Caso afirmativo, é provável que outra pessoa faça o mesmo.

Priorizando as crises em potencial

Não faz muitos anos que as pessoas começaram a ouvir relatos sobre asteroides que um dia podiam se chocar com nosso planeta. Um asteroide moderadamente grande, como aquele que atingiu a Sibéria em 1908, mataria milhões se caísse em uma região povoada. Um asteroide *realmente* grande daria um fim à civilização e colocaria o *Homo sapiens* em extinção. Isso é que é crise em potencial!

Enquanto um pequeno número de cientistas e alguns preocupados de plantão têm feito da ameaça do asteroide uma prioridade máxima, o resto de nós não está perdendo o sono com isso. E o motivo é simples: embora as consequências de uma queda de asteroide possam ser catastróficas, a probabilidade de que ocorra uma em nossa vida e na vida de nossos descendentes imediatos é extremamente pequena. Os cientistas acreditam que um evento semelhante ao da Sibéria acontece apenas uma vez a cada mil anos. Pouquíssimas pessoas estão realmente preocupadas com esta probabilidade, mesmo que suas consequências sejam enormes. Elas têm coisas mais imediatas com que se preocupar: perder o dinheiro da aposentadoria no mercado de ações, ser atingidas por um carro em alta velocidade ou enfrentar uma doença grave. Cada uma destas coisas resultaria em uma crise pessoal, e cada uma delas tem uma probabilidade razoável de realmente acontecer. O que tira seu sono à noite?

Obviamente, somos seletivos com relação aos riscos em que concentramos nossa atenção, e com razão. Alguns são mais dignos de nossa atenção do que outros — e só temos uma certa quantidade de atenção à disposição. Na verdade, devemos direcionar nossa atenção aos problemas maiores. Há, porém, evidências substanciais de que as pessoas não são muito competentes quando lidam com um risco. Elas se preocuparão, por exemplo, com a possibilidade de serem atingidas por um raio (uma probabilidade extremamente baixa), mas atravessam uma rua movimentada de uma cidade (uma probabilidade muito mais alta

A avaliação dos perigos em potencial 35

de se machucar) sem hesitar. Por exemplo, quando o filme *Tubarão* foi exibido nos cinemas na década de 1970, muitas pessoas desenvolveram um medo visceral de ir à praia. Elas imaginavam tubarões devoradores de gente de tocaia nos bancos de areia, só esperando para atacar! Muita gente realmente cancelou as férias na praia em favor de outras atividades. Sabemos que a probabilidade de ser morto ou ferido por um tubarão em muitas áreas é quase pequena demais para ser calculada. A probabilidade de um acidente de carro igualmente prejudicial é milhares de vezes maior, mas isso nunca impediu que pessoas que têm medo de tubarão dirijam pelas vias expressas do país.

Se não formos razoáveis a respeito dos riscos que enfrentamos como executivos, podemos gastar nossa atenção em situações improváveis enquanto ignoramos as que realmente nos afetam. Um método para evitar este erro é usar uma função matemática chamada valor esperado. Em sua forma mais elementar, este valor é o resultado previsto de um evento (E) vezes a probabilidade de ocorrência do evento (X), ou

E(X) = valor esperado

Esta equação simples considera o resultado previsto pela probabilidade de que ele irá acontecer.

Digamos que o custo de assistência médica, renda perdida e sofrimento pessoal da amputação de um membro em decorrência de um ataque de um grande tubarão branco seja de US$ 2 milhões. A probabilidade de tal ataque é estimada em uma em um milhão (0,0001%, ou 0,000001). Para fins de ilustração, vamos supor que o custo de perder um membro devido a um acidente de carro a caminho do trabalho seja o mesmo. Mas a probabilidade de isso acontecer é muito maior: uma em mil (0,1% ou 0,001). Assim, o valor esperado do ataque de tubarão é: US$ 2.000.000 × 0,000001 = US$ 2,00. Não é motivo para se preocupar. Já o valor esperado da viagem de carro é de US$ 2 mil, mil vezes maior do que o valor esperado do ataque de tubarão. Este pequeno cálculo pode convencer alguém a tirar as férias na praia, afinal.

Você pode usar esta metodologia para pesar a atenção que deve dar a muitos riscos encontrados em sua auditoria da crise. Esta auditoria terá identificado dezenas de riscos para sua empresa ou unidade. Como um primeiro modo de priorizá-los, siga estes passos:

Passo 1: Faça uma estimativa do impacto negativo de cada risco. Expresse-a na forma monetária. Por exemplo: "O custo de um atraso de um mês seria de US$ 25 mil."

Passo 2: Atribua uma probabilidade ao risco (de 0 a 100%). Por exemplo: "O risco de um atraso de um mês é de 40% (ou 0,40)."

Passo 3: Multiplique o impacto monetário pela probabilidade. Exemplo: US$ 25.000 × 0,40 = US$ 10.000. Este valor esperado é, de fato, o impacto em dólar pesado pela probabilidade de sua ocorrência.

Passo 4: Classifique sua lista de auditoria pelo valor esperado.

Uma lista de classificação lhe dará maior discernimento sobre os riscos que você enfrenta. A Tabela 1.1 indica o valor esperado de três riscos identificados pelos gerentes da BuildIt, que conhecemos neste capítulo. Como você pode ver, perder a conta da Gizmo Products teria o maior impacto ajustado à probabilidade para a empresa, e é aqui que os gerentes e o pessoal de vendas da BuildIt vão querer concentrar sua atenção. Se a empresa tem muitos custos fixos, uma perda de receita dessa magnitude pode levá-la a uma crise financeira.

A abordagem matemática pode não ser a melhor maneira de priorizar o potencial de crise em todos os casos. Eis alguns motivos:

1. Atribuir uma prioridade baixa a um risco de alto impacto pode simplesmente ser inaceitável à gerência — independente da improbabilidade do evento — se uma ocorrência significar o desastre para a empresa.

2. Alguns riscos são muito mais fáceis e mais baratos de neutralizar do que outros. Um risco fácil de evitar, com um valor esperado de US$ 2 milhões, pode ter uma prioridade mais baixa do que outro com apenas US$ 1 milhão de valor esperado em que é difícil se defender.

A avaliação dos perigos em potencial

TABELA 1.1
Riscos da BuildIt

Descrição do risco	Impacto estimado de sua ocorrência	Probabilidade de sua ocorrência	Valor esperado
Preço de nossos componentes cai, no geral, 10%	US$ 2 milhões por ano em ganhos operacionais brutos reduzidos	35%	US$ 700 mil em perda de ganhos operacionais brutos por ano
Perda da conta da Gizmo	US$ 4 milhões em receitas perdidas por ano	50%	US$ 2 milhões em perda de receita por ano
Rompimento do fornecimento de matéria-prima devido à greve na transportadora	US$ 300 mil em lucros perdidos	15%	US$ 45 mil em lucros perdidos

Assim, use o valor esperado como uma ferramenta quantitativa e depois aplique essa avaliação para classificar suas prioridades.

Você pode entender agora a importância de verificar os riscos que podem lançar sua empresa em uma crise e onde procurar por eles. Você também tem algumas ideias para realizar a auditoria. A última seção lhe ofereceu um método prático para priorizar seus riscos. É o momento de passar à etapa seguinte: impedir a crise.

Resumo

- As crises têm muitas origens, e são frequentemente condizentes com a linha de negócios de uma empresa.

- Acidentes e eventos naturais, desastres ambientais e de saúde, panes tecnológicas, forças econômicas e do mercado e funcionários trapaceiros estão entre os perigos em potencial enfrentados pelas organizações.

- À medida que você audita a crise em potencial, procure por inputs diversos e variados. Várias cabeças pensam melhor do que algumas.

- Realize sua auditoria de risco da organização em unidades individuais. As pessoas mais próximas de suas operações estão mais bem preparadas para detectar situações que produzem crise.

- Um método para identificar a crise em potencial é se colocar no papel de um sabotador interno e perguntar: "O que posso fazer para prejudicar a empresa?"

- Alguns riscos são mais dignos de atenção gerencial do que outros.

- Uma forma de priorizar os esforços de prevenção de crises é quantificar o risco em termos de seu impacto potencial vezes sua probabilidade de ocorrência.

Evitando o que pode ser evitado

É melhor prevenir...

Principais tópicos abordados neste capítulo

- *Como alguns gerentes e empresas fazem do impedimento da crise uma prática de rotina*

- *Usando uma auditoria de risco baseada em probabilidades para determinar o custo do impedimento do risco*

- *Os sinais de alerta de crises iminentes*

- *Evitando a crise autoinfligida*

- *Usando o seguro para gerenciar o risco*

PROCURAR PELAS FONTES de risco para sua empresa e realizar uma auditoria dos problemas que podem se transformar em crises é o primeiro passo da gestão de crises. O próximo, tema deste capítulo, é determinar que crises em potencial podem ser evitadas. Os bons gerentes praticam o impedimento de crises diariamente. Considere estes exemplos:

Helen é gerente financeira de uma empresa de varejo de médio porte. Ela prevê uma possível escassez de caixa para meses depois, situação que pode criar uma crise para a empresa. Para evitar a escassez, ela toma uma série de atitudes. Primeiro, toma medidas para garantir que todas as contas a receber sejam pagas à empresa no prazo. Segundo, trabalhando com o CEO, ela suspende todos os gastos discricionários. Por fim, negocia uma linha de crédito de US$ 500 mil sob bons termos com o banco local. Se os dois primeiros passos não impedirem a crise, este último ajudará a empresa a passar pela tempestade.

Quando informado de que Jack, um funcionário essencial, fora entrevistado por outras empresas, seu chefe diz a si mesmo: "Se Jack sair no meio do grande projeto que está gerenciando, vamos ficar em maus lençóis." Então o chefe começa a cogitar um substituto interino, começando pela unidade do próprio Jack. "Quem pode vestir a camisa de Jack amanhã, se for preciso?", pergunta o chefe a si mesmo. "Se ninguém estiver apto, de que treinamento ou experiência nossos melhores candidatos internos para o cargo vão precisar para que estejam preparados?"

Evitando o que pode ser evitado

Com medo de que o fornecimento de um componente-chave possa ser extremamente limitado seis meses depois, Karl, o gerente de compras de um fabricante de equipamento original, toma duas medidas para evitar a crise. Primeira: ele forma um estoque-tampão do componente, o bastante para manter a linha de produção correndo por muitos meses de abastecimento limitado. Karl sabe que estoques em excesso de componentes são caros, mas também sabe que as interrupções de produção podem ser catastróficas. Segunda: ele começa a estabelecer relacionamentos com fornecedores alternativos. Ao fazer pequenos pedidos do componente a estes fornecedores, ele cria fontes para pedidos maiores no futuro — quando estes podem ser criticamente necessários.

Tom, um empreiteiro comercial, tem lidado com muitos construtores ao longo dos anos. A qualidade do trabalho tem sido um problema com apenas alguns deles, mas o custo para consertar um trabalho ruim é enorme e pode causar sérios e dispendiosos atrasos ao cronograma. Sabendo por experiência própria que muitos construtores economizam para ficar dentro do orçamento e do prazo, Tom cria especificações de qualidade em cada contrato; depois monitora a anuência para com aquelas especificações regularmente. "Se um construtor não estiver fazendo o trabalho corretamente, quero saber no início", diz ele. "Se deixar correr, os problemas pequenos vão se tornar maiores."

Cada um destes gerentes reconhece os riscos e toma medidas para evitá-los ou mitigá-los. Agir assim é parte de seu trabalho. Os executivos e gerentes em sua empresa devem fazer o mesmo.

O impedimento da crise pode ser tão comum quanto os controles financeiros internos que previnem desfalques ou o desperdício de recursos corporativos. Ou pode ser tão complexo quanto o projeto de um produto. As empresas de produtos manufaturados estão aprendendo que podem evitar processos onerosos, boicotes de clientes e propaganda negativa prestando mais atenção ao projeto de produto. Mais especificamente, estão aprendendo a projetar possíveis problemas em seus produtos. Pense neste exemplo:

A 3M faz e vende centenas de diferentes produtos de filmes e adesivos. Todos usam um ou outro tipo de substância química em sua fabricação. No início da década de 1970, a 3M estava sendo muito pressionada pelos novos organismos de proteção ambiental e pelo público a respeito das toneladas de poluentes que criava a cada ano. Vendo que o problema e a imagem da 3M só pioravam, a empresa começou um programa para eliminar a poluição em sua origem, através de reformulação de produtos, modificação de processos, reprojeto de equipamento e reutilização de dejetos. Este programa, o 3P (de Pollution Prevention Pays, *Compensação para Prevenção de Poluição), tem ajudado a empresa a evitar complicações regulatórias e melhorou sua imagem pública. A 3M estima que entre 1975 e 2002 o 3P reduziu sua produção de poluentes em mais de 850 mil toneladas e economizou quase US\$ 900 milhões para a empresa.*[1]

Que crises em potencial sua unidade ou sua empresa podem evitar por medidas como a da 3M? Fabricantes, produtores químicos e refinarias estão mais bem posicionados para usar o projeto de produto e de processo para impedir crises causadas pelos produtos que vendem e processos que usam para fabricá-los.

Prepare um programa sistemático para impedir a crise

Se você fez uma auditoria da crise, então está preparado para um programa sistemático para evitá-la. Apenas prossiga em sua lista de origens potenciais de crises, e em cada item envolva o pessoal pertinente em uma discussão sobre esta questão: o que podemos fazer para impedir ou neutralizar isto como fonte de problemas futuros? Enquanto o fizer, você chegará à inevitável conclusão de que alguns riscos são mais dispendiosos para se evitar do que outros. Por exemplo, o custo para impedir uma interrupção elétrica temporária em sua cadeia de cinco lojas de varejo pode ser de US\$ 5 mil — o preço de cinco geradores de eletricidade a gasolina. Por outro lado, o custo de evitar um processo em potencial por discriminação na contratação, demissão e promoção de funcionários pode ser de US\$ 100 mil — gastos na contratação de um advogado trabalhista que analise os procedimentos e práticas de emprego da organização, seguido pelo treinamento de todos os gerentes.

Evitando o que pode ser evitado 43

O exemplo seguinte indica como uma empresa ou uma unidade operacional pode analisar este problema. Ele segue a abordagem do valor esperado introduzida anteriormente — isto é, a empresa estima o impacto financeiro de cada crise em potencial, a probabilidade de cada uma delas acontecer e o valor esperado para cada uma (impacto financeiro vezes a probabilidade). Aqui a empresa amplia esta abordagem, determinando o custo de evitar cada crise em potencial em sua lista:

Harold é diretor de tecnologia da informação de uma empresa de serviços de US$ 300 milhões. Porque a TI é tão fundamental no funcionamento diário da empresa, a gerência sênior pede a ele para auditar sua operação e identificar cada fonte importante de interrupção do serviço de informações, estimar a probabilidade destas interrupções e calcular seus prováveis danos para a corporação.

Harold e seu pessoal obedeceram ao pedido da gerência. Mas foram um passo adiante: estimaram o custo de evitar cada risco sério. "O que realizamos até agora é extremamente valioso", disse Harold, "mas temos de reconhecer que evitar alguns riscos será fácil e evitar outros será difícil e oneroso. Assim, gostaria que vocês trabalhassem juntos para estimar o custo de eliminar cada um dos riscos de nossa lista. Depois que tivermos esta informação, podemos tomar decisões certas sobre como alocar melhor nosso tempo e nossos recursos."

A equipe de Harold obedeceu a seu pedido, submetendo um relatório com o resumo exibido na Tabela 2.1.

Usando este resumo, a unidade de TI de Harold conseguiu atender ao pedido da gerência e relatar o custo provável de evitar danos associados à TI para a corporação. Isto deixou a gerência numa situação mais vantajosa para tomar decisões, e colocou Harold numa melhor posição confortável para negociar melhorias que ele precisava para garantir a continuidade do serviço à corporação e aos clientes. Uma das primeiras coisas que ele solicitou — e recebeu — foi permissão para gastar US$ 10 mil em um gerador elétrico de apoio, porque o gasto era menor do que o custo ajustado à probabilidade de uma interrupção no fornecimento de eletricidade.

44   Gerenciando a crise

TABELA 2.1
Resumo do risco

Fonte	Impacto estimado (por evento)	Probabilidade de impacto (por ano)	Valor esperado (impacto estimado X probabilidade)	Custo estimado de evitar a crise
Interrupção da eletricidade (um dia inteiro ou mais)	US$ 120.000/dia	10%	US$ 12.000 por evento de um dia; US$ 36.000 por eventos grandes	US$ 10.000 por gerador em stand-by
Interrupção da rede externa por tempestade ou rompimento de cabos	US$ 70.000	15%	US$ 10.500	US$ 60.000 por rede redundante
Falha em discos rígidos nos sistemas de transação e processamento	US$ 70.000	10%	US$ 7.000	US$ 90.000 por back-up de sistemas
Ataque de hacker	US$ 120.000/dia mais danos ao relacionamento com o cliente, se os dados são roubados	8%	US$ 9.600	US$ 30.000 para atualizar firewall atual e sistema de detecção de vírus
Desastre físico no centro de dados	US$ 900.000 para substituir sistemas; US$ 500.000 em perdas de negócios etc.	2%	US$ 28.000	US$ 300.000 para um centro de dados externo e US$ 7.000 para um seguro do equipamento

Esteja atento aos sinais de crises iminentes

Nem toda crise começa com um incêndio, uma interrupção da rede ou outro evento inesperado. Muitas iniciam como pequenos problemas. Se não receberem atenção, eles crescem. Se a gerência não percebe e não os neutraliza, eles evoluem para crises plenas. Estes sinais devem ser considerados aqui no contexto da evitação da crise.

São muitos os exemplos de crises. Um caso memorável envolveu o venerável *New York Times*, jornal que sempre se orgulhou da qualidade de suas reportagens. O *Times* tornou-se o foco de uma história grande e nada lisonjeira na imprensa no verão de 2003, quando um de seus jovens repórteres, Jayson Blair, foi acusado de fabricar e plagiar matérias de outros jornais. O escândalo deixou a redação do *Times* desbaratada e maculou sua reputação de jornalismo objetivo e de confiança. O editor-executivo e o editor-chefe foram levados a pedir demissão.

É lamentável constatar que a crise de credibilidade do *Times*, como muitas outras que acometem as organizações, pode ser completamente evitada. Vários editores de notícias tinham mandado avisos sobre a qualidade do trabalho de Blair, mas a gerência não estava atenta a isto. Ao contrário, ela o promoveu e deu a ele mais matérias para cobrir. Se tivesse prestado atenção aos primeiros sinais, o *Times* teria evitado um incidente arrasador.

Que alertas precoces você deve observar em sua empresa? Não existe uma lista oficial. Todavia, aqui estão alguns que avisam que uma crise futura está se formando:

- **Sucesso demais, cedo demais.** Um novo representante de vendas está se saindo muito, mas muito melhor do que qualquer pessoa poderia prever. Seu gerente tem motivos para estar satisfeito, mas também deve ficar atento para a possibilidade de que este maravilhoso representante de vendas esteja fazendo alguma coisa ilegal, aética ou contra a política da empresa ao realizar estes grandes negócios. Como declarou um gerente de uma empresa de corretagem ao autor deste livro: "Eu me preocupo com os recém-chegados que estão se saindo bem demais."

46   Gerenciando a crise

- **Um funcionário que vive além de seus meios.** Quando um ex-funcionário da Fazenda de Massachusetts, com uma renda de US$ 90 mil anuais, comprou uma casa multimilionária nos arredores de Boston, alguém devia ter percebido. Este funcionário — agora na prisão — era membro de uma quadrilha de desfalque que, quando apanhada, constrangeu o governo do estado e ultrajou seus contribuintes.

- **Desatenção aos detalhes e padrões.** Todos conhecemos a expressão "O inferno está nos detalhes". Até os pequenos detalhes podem criar uma crise se não for dada atenção a eles. Considere o triste caso do ValuJet Flight 592. Em maio de 1996, o pessoal de terra embarcou vários cilindros de oxigênio no compartimento de carga do DC-9 pousado em Atlanta. Logo após a decolagem, um incêndio surgiu, enchendo o compartimento de passageiros e a cabine de fumaça. Momentos depois, o avião caiu nos Everglades da Flórida, matando 110 passageiros e os tripulantes. A ValuJet voluntariamente suspendeu todos os voos durante uma investigação e só os reassumiu três meses mais tarde.[2] Posteriormente, investigadores federais disseram que muitos cilindros não continham lacres de segurança e um manifesto da carga os listou como vazios quando na realidade não estavam. A atenção aos detalhes e aos padrões teria evitado esta tragédia e a crise financeira que se abateu sobre a ValuJet.

- **Membros do conselho que não estão fazendo seu trabalho.** Alguns membros do conselho diretor esquecem-se de que trabalham para os acionistas, e não para o CEO. Outros pegam seus polpudos cheques e opções de ações, mas prestam pouca atenção à estratégia ou à política corporativa. Considere os membros do conselho da Bolsa de Valores de Nova York (NYSE), que aumentaram o pagamento anual do CEO Richard Grasso para US$ 146 milhões em 2003, criando uma reação nacional e atraindo a atenção dos reguladores da bolsa. Um membro do conselho admitiu de forma pouco convincente não estar ciente da remuneração de Grasso. O caso do NYSE não é único. Membros de conselhos da Enron e da WorldCom também não sentiram o cheiro de fumaça que precedeu a ruína destas empresas ambiciosas.

Lembre-se de que as grandes crises têm pequenos começos. Então esteja atento para os sinais de alerta de crises iminentes. Confronte-os rapidamente e de forma decisiva, e você evitará grandes problemas posteriormente.

Olhe antes de pular

Algumas crises são autoinfligidas, resultando de ações gerenciais cujas consequências nunca foram examinadas de forma sistemática. Considere este exemplo hipotético:

> *O conselho diretor da Johnstone Machine Works aprovou o plano da gerência de fechar sua fábrica com 300 funcionários na pequena cidade de Farmvale e transferir suas operações para uma fábrica nova e maior em uma cidade a 480 quilômetros de distância. Os funcionários da empresa terão de passar para a nova fábrica, e muitos ganharão uma opção de aposentadoria precoce.*
>
> *A gerência tinha um bom argumento para a mudança, que fazia sentido se vista sob uma perspectiva financeira e operacional. Mas nenhuma reflexão séria foi feita a respeito das consequências para os trabalhadores mais novos, que não podem se mudar, e para a cidade de Farmvale. A Johnstone é a maior empregadora e a maior contribuinte de Farmvale; o fechamento de uma fábrica arrasaria a cidade. O que isso tem a ver com a reputação da empresa? Como afetará a reputação do presidente do conselho e fundador Phil Johnstone, que iniciou sua campanha ao governo do estado?*

Neste exemplo, ninguém pensou nas imagens do noticiário de TV, de trabalhadores irritados e cidadãos fazendo piquete na calçada da sede da Johnstone. Ninguém previu as entrevistas na mídia com lojistas de Farmvale, cujos negócios sofrerão com o encerramento da fábrica. Será que a empresa deveria continuar com o fechamento planejado? Talvez. Talvez não tenha alternativa. Mas alguém devia ter previsto o efeito de publicidade que se seguiria. Pode haver uma forma de fechar a fábrica e evitar uma crise de relações públicas.

Dicas para evitar problemas

As oportunidades de proteger sua empresa e seus funcionários dos perigos da Mãe Natureza são limitadas. Entretanto, o comportamento da empresa com relação a funcionários, clientes, fornecedores, o governo e a mídia é controlável e pode tornar a empresa menos vulnerável a crises. Assim, observe estas dicas:

- Seja um bom cidadão corporativo nos melhores e nos piores tempos. Se você desfrutar de uma alta consideração com o público, será apoiado em vez de atacado durante uma crise. Correta ou erroneamente, a Microsoft não conseguiu desenvolver uma reputação de boa-praça corporativa. Muitos consideraram suas práticas de negócios predatórias, e a internet tornou-se um fórum popular para piadas sobre as falhas de seu ubíquo sistema operacional. Assim, quando a Microsoft foi acusada de violação antitruste, poucos saíram em sua defesa.

- Mantenha relações de colaboração com a mídia. Se você for aberto, franco e prestativo com a imprensa durante os tempos normais, a mídia o tratará com mais gentileza nos períodos de crise. Se você habitualmente ignora ou age com hostilidade para com a imprensa, um repórter ou comentarista de caneta afiada provavelmente o olhará de esguelha na primeira vez em que sua empresa tiver problemas.

- Seja altamente ético, confiável e profissional em suas relações com a imprensa, os funcionários, clientes e fornecedores. Quando a crise chegar, eles serão solidários e tenderão a ajudar.

- Evite panes tecnológicas mantendo computadores e outros sistemas atualizados, e ataque os problemas rapidamente.

- Evite problemas trabalhistas durante os períodos de aperto, programando renovações e negociações de contrato para as épocas do ano em que os negócios estão mais calmos.

Evitando o que pode ser evitado

- Esteja alerta a sinais de crises iminentes. Não ignore problemas. Em vez disso, confronte-os e os resolva antes que se tornem crises graves.

- Tenha um plano de sucessão para todas as posições-chave. Você pode evitar uma crise de recursos humanos se tiver pessoas qualificadas, capazes de ocupar uma vaga em potencial.

- Não economize quando se tratar de exigências éticas e legais. Isso poderá lhe causar problemas, acarretando uma crise pessoal e uma crise financeira ou de relações públicas para a sua empresa.

Não se esqueça do seguro

Muitos danos associados às crises grandes podem ser reduzidos ou eliminados pelo seguro. O seguro não tem como ajudar uma empresa a evitar a crise, mas pode auxiliar a evitar algumas consequências financeiras negativas, ou todas elas. No exemplo de Harold e o departamento de TI, o espaço de hardware, software e de centro de dados da empresa podia ser coberto por uma apólice de seguro corporativa adequada. Vários tipos de seguro menos conhecidos estão disponíveis para proteger uma empresa de grandes ameaças. Estes incluem seguro de vida para funcionários essenciais e seguro contra interrupção das operações.

Seguro de vida para o funcionário

A perda de pessoal-chave por incapacidade ou morte é um perigo constante, mas um risco que raras vezes é considerado. Particularmente em empresas pequenas e de administração fechada, o valor do empreendimento pode ser ligado ao know-how, às relações ou à inventividade de um ou dois indivíduos. Muitas empresas compram as chamadas apólices de homem-chave para se protegerem se estes indivíduos morrerem ou ficarem incapacitados.

Janice, atualmente uma advogada do setor imobiliário de 55 anos, formou uma carreira bem-sucedida nas últimas duas décadas. Sua empresa cresceu para quatro sócios, sete associados e seis funcionários de escritório. E no entanto, ainda era Janice quem gerava dinheiro, a sócia que trazia a maioria dos negócios. O que aconteceria se alguma coisa ocorresse com Janice? Para evitar estes riscos, a empresa comprou uma apólice de seguro de vida de US$ 1 milhão, com prazo de dez anos, para Janice, nomeando a própria empresa como beneficiária. Se Janice morrer no prazo de validade da apólice, a empresa recebe o prêmio de US$ 1 milhão, uma quantia suficiente para permitir que sobreviva e funcione até que possa encontrar uma nova liderança.

Outras empresas rotineiramente fazem apólices de seguro de vida para funcionários comuns, sendo ela própria a beneficiária. Estas apólices, que em geral têm prêmios por morte iguais à renda anual dos funcionários segurados, têm valores aproximadamente iguais à quantia que a empresa teria de pagar para recrutar e treinar um substituto adequado para o funcionário falecido. Este tipo de seguro faz sentido do ponto de vista da empresa, embora possa irritar algumas pessoas. A revelação desta prática causou uma pequena agitação em 2001, quando um jornal norte-americano de circulação nacional fez uma matéria sobre o assunto. Os cônjuges de funcionários se mostraram chocados com o fato de as empresas se beneficiarem financeiramente da morte de seus entes queridos. Estas responderam defendendo a prática, explicando que elas, e não os funcionários, estavam pagando pelo seguro. Os cônjuges, contudo, continuaram aborrecidos.

Seguro contra interrupção das operações

O seguro contra interrupção das operações em geral está vinculado a uma apólice de seguro sobre propriedade maior, e ressarce a empresa proprietária da apólice por perda de renda em caso de danos relacionados com desastres previstos no contrato. Por exemplo, se a empresa ficou fechada por três semanas por causa de um incêndio ou inundação, o seguro destina uma proporção especificada dos

Evitando o que pode ser evitado 51

lucros cessantes, de acordo com os registros financeiros do dono da apólice. Uma apólice pode também cobrir contas mensais, como serviço telefônico, que continuam sendo cobrados mesmo que as atividades da empresa tenham sido suspensas. Como acontece com todas as apólices de seguro, o preço da garantia contra interrupção das operações está relacionado com os riscos, determinados pelo subscritor do seguro, e com o porte do benefício pago em uma apólice. Sua empresa usa o seguro para cobrir riscos? Existem seguros de propriedade e passivos suficientes para protegê-la de eventualidades que a empresa não poderia enfrentar sem ajuda? Certifique-se de conseguir respostas bem fundamentadas para estas perguntas.

Se você é um gerente ocupado, provavelmente está pensando que este capítulo lhe dá mais o que fazer. Você pode estar imaginando: "Além de apagar os constantes incêndios, ainda tenho que contratar e demitir, fazer avaliações de desempenho de todos os meus subordinados diretos, produzir um orçamento e gerar resultados reais — não só relatórios. E agora devo fazer uma auditoria de risco completa todo ano?"

Você tem razão em dizer "Pode esquecer" se as descobertas de sua auditoria não forem traduzidas em ações adequadas. Você — se tiver autoridade e recursos — ou a gerência sênior deve (1) decidir que riscos tentar ativamente evitar, e (2) realmente fazer alguma coisa a respeito deles! Seu relatório de avaliação não deve ir para o arquivo morto dos relatórios corporativos. Os problemas em potencial que você identificou não desaparecerão. E se qualquer um deles se transformar em uma crise, você e a gerência sênior se arrependerão de ninguém ter feito nada para prevenir o desastre.

Resumo

· Alguns riscos são potencialmente mais perigosos ou onerosos do que outros. Use a avaliação de risco ajustada à probabilidade para determinar quais você pode efetivamente neutralizar por meio da ação gerencial ou de seguros.

- Muitas crises começam com pequenos problemas. Estando atento aos sinais, você pode neutralizá-las antes que se tornem perigosas ou caras.

- Algumas crises são autoinfligidas. Estas podem ser evitadas com a previsão ponderada das consequências de políticas e ações da empresa.

Planejamento de contingência

Preparando-se hoje para os problemas de amanhã

Principais tópicos abordados neste capítulo

- *Os primeiros cinco passos do planejamento de contingência*
- *Lidando com as crises que não podem ser previstas por meio de equipes de gestão de crises*
- *Usando simulações para treinar equipes de crises*

É PROVÁVEL QUE VOCÊ não consiga reduzir o impacto em potencial ou a probabilidade de algumas crises a níveis aceitáveis. Por exemplo, um dono de loja que opera dentro de um grande shopping pode fazer um trabalho excepcional em prevenção de incêndio em seu próprio estabelecimento, mas não pode controlar as práticas de prevenção de incêndio das outras cinquenta lojas que operam sob o mesmo teto. Um grande incêndio em uma delas pode causar danos por fumaça e fogo em todo o shopping e interromper os negócios por semanas ou meses. Para situações como esta, a evitação da crise não é a abordagem adequada; você deve praticar o planejamento de contingência.

O planejamento de contingência envolve organizar e tomar todas as decisões que você puder antes que a crise aconteça. Este planejamento pré-crise dá às pessoas o tempo de que precisam para considerar todas as alternativas, pensar em tudo completamente, discutir os méritos de diferentes reações e até testar sua preparação para agir. Cada uma destas importantes tarefas é muito mais fácil nos tempos normais, mas difícil e estressante no meio de uma crise.

Como um exemplo de planejamento de contingência, pense em como os navios lidam com incêndios — uma ameaça tradicional em barcos no mar. O capitão e a tripulação não esperam até que uma explosão ponha fogo em parte do barco e depois se reúnem para pensar no que fazer. Em vez disso, os planos de controle de incêndio são desenvolvidos e praticados antes que a embarcação sequer deixe o porto. Cada membro da tripulação — dos oficiais aos médicos e ao pessoal designado para o controle de incêndio — entende o que fazer e como fazer. O equipamento de supressão de fogo é disposto em todo o barco.

Praticamos o planejamento de contingência o tempo todo, em geral sem que percebamos. Um vendedor que viaja pelas montanhas Rochosas canadenses, por exemplo, faz planos de contingência para as condições da estrada no inverno rigoroso. Sabendo que pode ser surpreendido em uma nevasca, ou que seu automóvel pode derrapar em uma estrada congelada e cair em um banco de neve, ele leva uma pá, um chapéu e luvas quentes, algumas barras de cereais e até um saco de dormir. E se certifica de que as pilhas da lanterna e a bateria do celular estejam carregadas.

Quase toda organização pratica alguma forma de planejamento de contingência. Cientes dos riscos de incêndio, as empresas nomeiam encarregados em cada andar de seus prédios e fazem exercícios de simulação de incêndio periódicos. Da mesma forma, as grandes cidades desenvolvem planos para o que farão na eventualidade de um ataque de guerra biológica. Determinam antecipadamente como reagirão e aonde levarão as vítimas para tratamento; estocam medicamentos e equipamento médico para que não sejam apanhadas desprevenidas se e quando estes suprimentos forem necessários. A cidade de Londres tem feito o mesmo, desenvolvendo planos de contingência para ataques terroristas em seu sistema de transporte subterrâneo.

Os planos de contingência não são projetados para prevenir crises. Na verdade, são reativos e incitados por eventos. Eles podem diminuir os impactos negativos de crises e fazer com que as situações voltem ao normal mais rapidamente.

Você pode desenvolver planos de contingência eficazes por meio dos seguintes passos:[1]

- **Passo 1:** Organize uma equipe de planejamento.

- **Passo 2:** Avalie a extensão do problema.

- **Passo 3:** Desenvolva um plano.

- **Passo 4:** Teste o plano.

- **Passo 5:** Mantenha o plano atualizado.

56 Gerenciando a crise

Vamos examinar cada um destes passos, usando uma empresa de porte médio e de propriedade familiar como exemplo.

Passo 1: Organize uma equipe de planejamento

Jack Elliot e o irmão Bobby administram uma empresa de sucesso: a Elliot Printing and Publishing. Seus pais fundaram a empresa em 1960, mas transferiram as responsabilidades administrativas aos filhos quando ficaram velhos demais para lidar com o desafio. Era um bom negócio, bem administrado e em crescimento. A família dividia a riqueza oferecendo bons pagamentos e benefícios generosos a seus operadores de prelo, cortadores e embaladores, todos sindicalizados, e com o pessoal de transporte, e com os não sindicalizados vendedores, artistas gráficos, designers e redatores.

Tudo ia bem, e Jack pensou que o negócio era uma grande família feliz. Mas quando chegou a hora de revisar o contrato com o sindicato, Jack viu que as coisas não eram bem assim. Os trabalhadores sindicalizados, particularmente os operadores de prelo, eram muito bem pagos, mas queriam muito mais, e ameaçaram fazer uma greve se suas exigências não fossem atendidas. Jack tinha apenas seis semanas para tomar uma decisão: pagar o preço ou se arriscar a uma greve arrasadora.

Sem perder tempo, Jack pediu a Bobby, que lidava com as operações de prelo, para formar uma equipe para administrar a crise em potencial. "Vou fazer o máximo que puder para negociar um contrato aceitável para o sindicato e para nós", disse Jack a ele. "Mas devemos estar preparados para uma greve, caso eu não consiga. Gostaria que você reunisse uma equipe e trabalhasse em um plano de contingência para administrar este lugar sem nosso pessoal sindicalizado. E gostaria que você começasse hoje."

Talvez a maior lição gerencial dos últimos anos seja que equipes podem ser extremamente eficazes para lidar com tarefas complexas e que fogem da rotina. O planejamento de contingência é uma destas tarefas. Uma equipe bem escolhida enriquece o processo de planejamento com as habilidades e insights de

Planejamento de contingência 57

muitas pessoas. O líder deve arregimentar membros com experiência ou talentos especiais em cada aspecto da crise em potencial. Isso garante que nada de importante seja desprezado.

Bobby Elliot senta-se e começa e fazer uma lista das pessoas que ele quer em sua equipe. As áreas mais afetadas seriam a seção de prelo sindicalizada, a linha de corte e embalagem e a seção de frete. Bobby gerenciava cada uma destas áreas, mas três supervisores não sindicalizados estavam mais próximos da ação. Eles pertenciam à equipe. Assim também o gerente de vendas, uma vez que os clientes ficariam preocupados com a capacidade de a Elliot Printing and Publishing entregar seus pedidos durante um período de greve.

A equipe de Bobby se expandiu enquanto ele e outros identificaram áreas de preocupação. Por exemplo, Herb Schwartz, diretor financeiro da empresa, foi acrescentado à equipe para lidar com os aspectos financeiros da potencial greve. Assim como o fundador semiaposentado da empresa, William Elliot. O veterano Elliot era muito articulado e tinha relações profundas na comunidade e na mídia local. Ele concordou em agir como porta-voz da empresa.

Passo 2: Avalie a extensão do problema

Depois que uma equipe é formada, deve-se avaliar a extensão do problema. Isto significa pensar no que pode dar errado e precisar de atenção, se a crise ocorrer. Aqui estão algumas dicas para avaliar a extensão do problema:

- Várias cabeças pensam melhor do que uma.

- Use sessões informais de brainstorming para identificar todas as questões importantes.

- Nomeie um membro da equipe para capturar as ideias das pessoas, registrando-as em um *flipchart* ou em um quadro-branco. Reúne sugestões relacionadas sob títulos comuns (por exemplo, responder a perguntas dos clientes e de repórteres de campo recairiam sob o título "Comunicações").

- Depois que a equipe tiver avaliado os problemas, divida suas descobertas amplamente. Outros funcionários podem saber de detalhes que você deixou passar.

A equipe de Bobby se reuniu na casa do lago da família para sua sessão de brainstorming. Fazia um lindo dia e os bosques circundantes estavam explodindo com as cores do outono. Depois de uma caminhada de meia hora, eles partiram para o trabalho.

A equipe decidiu atacar a questão identificando frentes em que uma greve produziria problemas sérios: cumprimento dos cronogramas de produção, relações com os clientes, relações com a comunidade, estresse físico e mental dos funcionários não sindicalizados, agendamento de novas vendas e segurança física. Mais tarde, o membro da equipe do setor de frete acrescentou outro: "Não vamos nos esquecer de que os motoristas sindicalizados que trabalham para nossos fornecedores de papel podem se recusar a atravessar a linha de piquete. A não ser que encontremos uma forma de transportar os suprimentos para dentro e despachar os pedidos acabados, estaremos numa grande encrenca." Sua preocupação foi acrescentada à lista.

No final do dia, a equipe tinha compilado um grande conjunto de itens que podiam colocar em risco as operações da empresa durante uma greve. Bobby Elliot deu a cada membro uma tarefa a cumprir: "Quero que todos vocês se reúnam com os funcionários não sindicalizados em suas respectivas unidades. Mostrem a lista a eles e peçam-lhes para identificar qualquer coisa que tenhamos esquecido. E também reúnam as ideias deles para combater estes problemas. Vou entregar a lista a Jack, ao departamento de recursos humanos e ao nosso advogado. Vamos nos reunir novamente na terça-feira."

Passo 3: Desenvolva um plano

Depois que todas as ideias sobre o que pode dar errado forem capturadas e destiladas em um conjunto de objetivos, é hora de desenvolver um plano para lidar com cada uma delas (ou com o máximo que seus recursos lhe permitirem).

Planejamento de contingência

A meta deve ser desenvolver e preparar-se para um conjunto de ações que neutralizem ou contemplem cada aspecto significativo de uma crise em potencial. Isso deve ser feito pela equipe, com o aconselhamento e a participação de outros gerentes e funcionários.

Vamos voltar ao caso da empresa Elliot, para ver como sua equipe de contingência fez planos para enfrentar duas ameaças importantes.

Como primeira medida, a equipe da Elliot concentrou duas de suas ameaças mais prementes: uma paralisação na linha de produção e a não obtenção de material por causa de um piquete de grevistas. Destas, a primeira representa o maior desafio.

A parte mais importante da Elliot Printing and Publishing eram suas prensas de última geração controladas por computador. Os funcionários sindicalizados — que ameaçavam parar — operavam estas máquinas. Como a empresa podia manter as prensas trabalhando sem eles? Felizmente, Bobby Elliot e o supervisor de produção conheciam o equipamento em detalhes, tão bem como qualquer dos seis operadores de prelo da empresa. "Elas não são assim tão complicadas", disse o supervisor à equipe. "Com algumas semanas de treinamento e supervisão, qualquer um de nossos funcionários pode operar estas máquinas." E Bobby descobriu vários funcionários não sindicalizados que estavam dispostos a tentar. Bobby e o supervisor, então, entraram em contato com o fabricante do equipamento para arranjar serviços de treinamento que começariam na semana seguinte.

Fazer com que os suprimentos cheguem à empresa, furando um piquete, representa outro desafio sério, mas para o qual houve uma solução. Bobby recrutou dois designers gráficos para agir como motoristas de caminhão, se precisassem, durante uma greve. Ele lhes providenciou um curso de direção de três dias, que certificaria e lhes daria permissão para operar veículos comerciais.

Cada um destes aspectos do plano de contingência para a greve foi aprovado por Herb, o diretor financeiro, e descrito para o advogado da empresa para que ele fizesse comentários e sugestões.

Não se esqueça da comunicação

Todo plano de contingência deve incluir um plano de comunicação — capaz de falar aos acionistas. Decida quem deve saber da crise, tanto dentro como fora da organização. Depois desenvolva um programa de modo que estes indivíduos sejam informados quando necessário. Um plano de comunicação pode ser simples como uma lista de contatos de emergência, ou pode assumir a forma mais complexa de uma árvore de comunicação que designe o fluxo de mensagens. (Para uma lista de contatos de emergência e a informação que ela deve conter, ver a "Lista de contatos de emergência" no Apêndice A.)

A comunicação interna eficaz eleva o moral dos funcionários e amortece os boatos que se espalham em cada crise grave. Da mesma forma, a comunicação externa eficaz põe um freio nos rumores e na especulação, e leva o público a saber que a gerência está ciente do problema, considera-o com seriedade e está trabalhando para encontrar uma solução.

Eis alguns itens para lembrar com relação à comunicação:

- Envie um pequeno número de mensagens cuidadosamente escolhidas que representem corretamente o problema e a reação da empresa. Muita informação confundirá seu público.

- Faça com que um diretor — não necessariamente o CEO — apresente o panorama maior. Deixe que outros porta-vozes lidem com as questões técnicas; eles saberão mais sobre estas questões e terão maior credibilidade.

- Não tente minimizar a situação. Não diga "Sim, nosso navio-tanque deixou vazar meio milhão de barris de petróleo perto da praia de Alicante mas, comparado com o incidente do Exxon Valdez, isto é pouco".

Planejamento de contingência

- Não culpe as vítimas. A Firestone não se ajudou em nada quando inicialmente culpou a manutenção ruim dos consumidores pelos problemas em seus pneus. Por outro lado, um fabricante de ônibus escolares do Oregon assumiu a responsabilidade por um problema com os freios e pôs em prática um plano agressivo para corrigi-lo.

- Distribua todas as notícias ruins de uma só vez. É melhor ser espancado uma vez do que apanhar toda vez que você anunciar outra informação negativa.

- Não minta, nem especule. Se no final você estiver errado, sua credibilidade sofrerá.

- Nunca se esqueça de seus funcionários. Desenvolva um plano que os mantenha plenamente informados. Converse com eles com frequência.

Adaptado com permissão da Harvard Business School Publishing, "How to Keep a Crisis from Happening", *Harvard Management Update*, 6 de dezembro de 2000.

Passo 4: Teste o plano

Nunca presuma que um plano de contingência idealizado no papel realmente vá funcionar. Sempre teste-o sob condições simuladas. É o que fazemos quando temos exercícios de incêndio em nossos escritórios e nas escolas. É o que as Forças Armadas fazem quando introduzem novos equipamentos ou táticas. E foi o que fez a equipe de crise da Elliot.

William Elliot, fundador da empresa, subiu ao tablado. Olhando para seu público, ele começou a falar. Foi um discurso breve e direto ao que interessava, explicando a situação com franqueza e articulando o ponto de vista da organização. "Agora estamos no segundo dia de greve do Sindicato dos Gráficos nº 31", começou ele. "Como vocês devem saber, esta greve é o resultado de um fracasso da Elliot Printing and Publishing e do sindicato em chegar a um novo contrato. A principal questão da greve é o pagamento por horas de trabalho."

Ele passou a descrever a oferta que a empresa pusera na mesa e sua opinião de que ela era generosa. "Ao longo dos anos, nossos funcionários desfrutaram de aumentos de salário iguais ou superiores à alta do custo de vida. Esta última oferta seguiu o padrão. Ao mesmo tempo, muitos custos-chave de administração de nossa empresa — do papel ao pagamento de seguro de trabalhadores e a seus benefícios de saúde — aumentaram drasticamente. Este acréscimo nos custos torna extremamente difícil que façamos uma oferta mais generosa. Além disso, estamos diante de uma concorrência crescente de gráficas não sindicalizadas, que pagam em média 23% a menos do que oferecemos ao sindicato de nossos funcionários."

Em suas breves declarações, o Elliot mais velho descreveu como a gerência e o pessoal não sindicalizado estavam preparados para continuar as operações em um nível quase normal, e garantiu aos clientes da empresa que todos os pedidos já feitos e os futuros seriam atendidos no prazo. Ele terminou expressando sua esperança de que o impasse fosse rapidamente resolvido e que o pessoal sindicalizado voltasse ao trabalho.

O público do discurso do sr. Elliot não foi uma turma de repórteres locais, mas Jack, Herb e meia dúzia de outros funcionários. Foi simplesmente um teste de uma apresentação que eles planejavam fazer se a ameaça de greve se tornasse realidade. Seria criticada e aprimorada conforme necessário. Enquanto isso, um representante de treinamento do vendedor das prensas formara turmas noturnas com aqueles funcionários designados para assumir as operações das máquinas na eventualidade de uma greve. Planejaram aparecer em uma manhã de sábado para aplicar seu aprendizado em um trabalho simulado. Estas pessoas receberiam horas extras por trabalharem no fim de semana.

Na semana seguinte, Jack e um especialista contratado trabalhariam nos detalhes de seu plano para negociar com o sindicato.

O tipo de plano de contingência testado pelos Elliot e seus funcionários demonstra a maneira mais adequada de descobrir pontos fracos e oportunidades de melhorar. É também uma forma muito boa de conquistar a confiança na capacidade da organização de controlar e vencer uma crise iminente.

Passo 5: Mantenha o plano atualizado

Se sua empresa tem um plano de contingência para emergências de incêndio, provavelmente ela designou um ou mais representantes em cada andar e os treinou para reagir de maneira adequada. Os funcionários, da mesma forma, foram treinados para sair do prédio com rapidez e segurança.

Os planos, porém, não podem ser criados e esquecidos. As coisas mudam. No caso de um plano para incêndio, novos representantes devem ser recrutados à medida que outros se aposentam ou saem da empresa. Novos funcionários devem receber instruções para o caso de incêndio. Os números de telefone domésticos são trocados com frequência e devem ser atualizados de tempos em tempos. As simulações de incêndio devem ser feitas periodicamente para reforçar a compreensão dos procedimentos de emergência por parte do pessoal. Sim, atualizar é necessário — mas quase sempre é mais fácil do que desenvolver um plano de contingência a partir do nada.

Seis semanas depois de Jack Elliot soar o alarme sobre uma greve em potencial, a equipe de gestão da crise chefiada por Bobby Elliot desenvolveu e testou seus planos de contingência. A gerência julgou a empresa preparada para manter suas prensas trabalhando por um bom período sem seus trabalhadores sindicalizados. Bobby chegou a formar uma equipe de reação rápida que estava pronta para agir em casos de adversidades imprevistas. Este estado de prontidão deu a Jack uma confiança enorme quando ele teve de negociar o novo contrato com o sindicato.

No fim, o sindicato e a gerência conseguiram elaborar um acordo de três anos que era adequado às duas partes. Não houve greve. A equipe de Bobby comemorou as boas-novas no final daquela semana com um churrasco na casa de lago da família Elliot. Jack agradeceu aos membros da equipe por terem-no colocado em uma posição forte para negociar: "Se vocês não tivessem feito o que fizeram, a empresa teria enfrentado duas alternativas ruins: pagar ou fechar temporariamente as portas." O fundador da empresa apoiou o comentário de Jack, acrescentando suas próprias observações.

"Estou nesta empresa há mais de quarenta anos", lembrou William Elliot, "e posso dizer a vocês que perigos como este que vocês acabaram de evitar sempre

aparecem. Este contrato de trabalho, por exemplo, vai expirar daqui a três anos. Três anos passam com muita rapidez, ainda mais quando se tem a minha idade. Meu conselho a vocês é este: mantenham sua equipe reunida. Quando comprarem equipamento novo, aprendam a usá-lo. Pensem bem nas coisas e tomem decisões de rotina antecipadamente, quando todos estão com a cabeça fria e não são levados pelo pânico do momento. Fiquem de olho em crises em potencial, e estejam prontos para enfrentá-las seguramente."

Você está pronto?

Se você desenvolve uma auditoria da crise, analise-a hoje. É provável que ela relacione muitos riscos capazes de prejudicar seriamente sua empresa ou sua unidade. Você desenvolveu planos de contingência para os riscos mais importantes? Se não o fez, comece hoje, seguindo os cinco passos descritos neste capítulo. Quando terminar, a empresa deve ter um plano de contingência sólido para cada ameaça-chave que enfrenta: um incêndio, um desastre natural, um ato de violência, uma greve e assim por diante.

Por onde começar

Não sabe por onde começar? Então inicie pelos mais simples. Se sua empresa funcionar em uma área sujeita a nevascas, comece por aí. Determine sob que circunstâncias seus escritórios ou fábricas devem ser fechados. Que clima ou condições de trânsito devem incitar a decisão de fechar? (Um diretor de escola usou esta regra de ouro: iria até a escola duas horas antes do horário de abertura normal; se a neve fosse tão profunda que ele não conseguisse chegar e deixar o carro no estacionamento, declararia feriado devido à neve.) Depois determine quem deve tomar a decisão. Em muitos casos, é o diretor de recursos humanos.

Também deve haver uma estratégia clara para transmitir as informações aos funcionários. Por exemplo, o plano pode ser ligar para o diretor de recursos

Planejamento de contingência

humanos, que telefona para o CEO e para cada um dos subordinados diretos do CEO, e assim por diante, descendo pela cadeia de comando até que cada funcionário seja informado. Como alternativa, a mensagem pode ser colocada em uma linha telefônica especial que qualquer funcionário pode usar. Um plano de emergência climática também deve determinar quando e como os funcionários serão convocados a voltar ao trabalho.

É melhor criar estas tarefas antes do que durante uma emergência real. Depois que você desenvolver e testar um plano viável para algo tão simples, passe para crises em potencial mais desafiadoras.

Planejando para a crise que você não pode prever

Tudo o que diz respeito à identificação de crises em potencial assume uma certa clarividência, e isto não é real. Não podemos prever cada ameaça, mas frequentemente estas ameaças imprevistas causam os maiores estragos. Por exemplo, os defensores britânicos de Cingapura em 1941 tinham ampliado a segurança de sua fortaleza com casamatas de concreto e uma gama formidável de baterias de artilharia, a maioria de frente para o mar. Qualquer força que se aproximasse por mar teria sido aniquilada. E de que outra forma alguém poderia abordar Cingapura? A porta dos fundos da cidade era defendida pela impenetrável floresta da península Malaia, exatamente o local que o exército japonês escolheu para fazer seu ataque. A possibilidade de uma ofensiva naquela direção não foi prevista, e portanto não havia plano nenhum.

Será que a Kodak, fabricante de filmes fotográficos, teria calculado que a maior ameaça a seus negócios viria de uma empresa de eletrônica? E claro que não. Ela concentrou sua atenção e os planos competitivos em uma produtora rival, a Fuji, em particular. E no entanto, quando a Sony, uma importante fabricante de bens eletrônicos de consumo, introduziu a primeira câmera digital comercial, abriu uma porta dos fundos na defesa da Kodak.

Será que as autoridades de Tóquio previram que alguém liberaria um gás letal no sistema de metrô da cidade? Hoje em dia, depois dos muitos ataques terroristas em todo o mundo, podemos imaginar um ato tão absurdo. Mas em 1995, o ano em que a seita Aum Shinrikyo cometeu o ataque, a ideia de que alguém lançaria um gás em pessoas indefesas estava além da compreensão. Logo, não havia um plano para lidar com uma emergência dessas.

Como planejar para evitar ameaças que não podemos antever? Será que isso é possível?

A abordagem de cinco passos proposta nesta capítulo não o ajudará a se preparar para ameaças que você não pode prever. Como poderiam? Mas isso não é desculpa para derrotismo ou passividade. No mínimo, você pode estar preparado para agir — qualquer que seja a crise.

Você pode preparar a si mesmo e a sua empresa estabelecendo uma equipe de gestão de crises com indivíduos altamente flexíveis e resolutos, com autoridade organizacional. Este grupo deve ter linhas claras de comunicação com a polícia, o corpo de bombeiros, pessoal médico de emergência e interessados de dentro e de fora da empresa. Em uma grande corporação, esta equipe deve incluir o diretor de operações, o conselho corporativo e os chefes de relações com o investidor, comunicações ou relações públicas e recursos humanos. O diretor executivo e os diretores financeiros devem ser membros *ex officio*. Esta equipe deve ser pequena o bastante para tomar decisões rapidamente e se comunicar sem problemas. Ao mesmo tempo, precisa ser grande o bastante para aproveitar todas as fontes de expertise necessárias para reagir a uma situação de crise. E precisa de mais uma característica: o poder de agir. Uma equipe de crise sem poder de ação é inútil.

Simulações de treinamento

Nomear pessoas para formar uma equipe de crise antes de um problema real acontecer é um bom primeiro passo para se preparar para agir em qualquer situação difícil, mas estas pessoas devem aprender a trabalhar juntas e reagir

Planejamento de contingência 67

rapidamente. Este aprendizado só acontece com a prática, e é por isso que muitos especialistas em crise recomendam que as equipes de gestão em crises aperfeiçoem suas habilidades com simulações. Os militares, a polícia, os bombeiros, os pilotos de aviões e pessoal de emergência médica fazem simulações para aprimorar suas habilidades e se preparar para situações incomuns. As equipes de gestão de crises podem e devem fazer o mesmo.

Aqui estão alguns exemplos de simulações que uma equipe de crises pode usar como exercício:

- Foram encontradas toxinas nos escritórios da empresa. O prédio deve ser evacuado rapidamente e por um período indeterminado. As autoridades pertinentes devem ser alertadas.

- A empresa acaba de receber um e-mail: "Estamos com o gerente da divisão do Leste da Ásia e a família dele. Mande-nos US$ 5 milhões, ou o sangue deles estará em suas mãos."

- A secretária sindicalizada foi demitida por atrasos crônicos, e o sindicato está ameaçando fazer uma paralisação se ela não for imediatamente reintegrada.

- Um funcionário demitido volta para enfrentar seu supervisor. Ele porta armas pesadas e está ameaçando atirar no supervisor e em outros dois funcionários reféns.

O que sua empresa faria? Ao trabalhar com estas situações simuladas, a equipe de crises aprenderá várias coisas: como tomar decisões sob pressões de tempo, para quem se voltar em busca de diferentes tipos de assistência e informação, o que é legalmente válido e o que não é, e assim por diante. Estas simulações podem ser ao mesmo tempo empolgantes e muito produtivas. Podem preparar sua equipe para agir rápida e decisivamente, qualquer que seja a crise.

68   Gerenciando a crise

O que você faria?

Imagine-se trabalhando em seu escritório. Você acaba de voltar de uma reunião no almoço com um cliente. Foi um dia normal e sem surpresas.

De repente, você ouve pessoas falando alto. Alguém grita: "Ele está armado!" As pessoas correm em pânico, passando por sua porta aberta. Você vai até lá e examina cautelosamente o corredor. David Johnson está espiando do alto de sua baia. A maioria dos outros funcionários está se empurrando para sair pela porta da escada dos fundos. "Acho que ele subiu", grita David a você enquanto corre para a escada.

Você começa a sentir o mesmo pânico que contagiou a todos; a adrenalina corre por seu sistema nervoso. "Quem está lá?", pergunta-se você. "Será que vai voltar por aqui? Alguém está ferido?"

Quais seriam suas emoções neste momento? Como a pessoa deixada sozinha no andar, o que você faria? Cenários imaginados como este podem ajudá-lo a se preparar para eventos reais.

Como uma empresa planeja e se prepara para a crise

Poucos setores da economia são tão expostos a crises e catástrofes como o setor de viagens aéreas. Considerando os bilhões de passageiros que voam anualmente pelas principais companhias aéreas do mundo, é de surpreender que os incidentes sejam tão poucos. Alguns eventos — como greves — não são letais. Outros podem representar uma grande perda de vidas. Um avião cai na decolagem. Outro desaparece em algum lugar do Atlântico. Sequestradores armados desviam um voo, mantendo os passageiros e a tripulação como reféns. No pior de todos os cenários imagináveis, terroristas assumem o controle de três aviões e os fazem se chocar em prédios de escritórios de Nova York e Washington, aumentando as perdas materiais e humanas.

As grandes companhias áreas aprenderam, da pior forma, que as crises podem surgir a qualquer momento, em qualquer lugar e sem aviso algum.

Consequentemente, elas estão entre as líderes no planejamento e preparação para crises. A United Airlines nos dá um bom exemplo.

O Centro de Controle de Operações da United situa-se em Elk Grove Village, no Illinois, não muito longe do aeroporto O'Hare, de Chicago. Este centro nervoso acompanha o clima, as decolagens e pousos, informações de passageiros, atrasos de voos e a disponibilidade de aviões e tripulações dentro do sistema mundial da United. Gerencia oferta e demanda de voos e trabalha para minimizar atrasos e cancelamentos causados por problemas mecânicos e climáticos. Estes controles são uma parte imprescindível no bom funcionamento de uma companhia aérea grande e moderna. É necessário mais do que isso, porém, para lidar com crises para as quais a United e todas as outras aerotransportadoras estão expostas diariamente.

Localizada no mesmo complexo, está a sede da gestão de crises da United — o Centro de Operações Especiais. É ali que a equipe de crises da United se reúne e age quando acontece algo grave. Como foi descrito pelo escritor e consultor em crises Steven Fink, os membros permanentes da equipe incluem gerentes de relações públicas, operadores de voo, pessoal de segurança de voo, segurança corporativa e de bordo, marketing e atendimento ao cliente, serviços de assistência médica e o FBI. O CEO e o presidente do conselho da United são membros *ad hoc*. Outros são arregimentados de acordo com a necessidade.[2] O centro é apoiado por tecnologias de informação e comunicações de última geração. Uma pasta de três centímetros de espessura, que detalha precisamente o que o pessoal de campo da United deve fazer para lidar com uma crise, está disponível e é constantemente atualizada. Quando surge uma crise, a United está pronta.

O quanto sua empresa está preparada para enfrentar uma crise — seja previsível ou inimaginável? Você tem um plano de contingência pronto? Existe uma equipe de crises de prontidão? Se sua resposta for não a cada uma destas perguntas, está na hora de você agir. E quanto mais cedo, melhor.

Resumo

- O primeiro passo para o planejamento de contingência é organizar uma equipe de planejamento que reúna as habilidades, a experiência e os discernimentos de muitas pessoas.

- A equipe de planejamento deve avaliar a extensão dos problemas em potencial — isto é, todas as coisas que podem dar errado.

- Desenvolva um plano de contingência capaz de neutralizar ou conter cada aspecto significativo de uma crise em potencial. As comunicações devem fazer parte do plano.

- Nunca pressuponha que seus planos de contingência realmente funcionarão. Teste-os sempre sob condições reais ou simuladas.

- Mantenha atualizados todos os planos de contingência.

- Se você não souber por onde começar com o planejamento de contingência, comece por casos mais simples, como inundações ou incêndios.

- O planejamento de contingência não funciona em crises que não podem ser previstas. O melhor remédio nestes casos é uma equipe de gestão de crises composta de pessoas que sejam flexíveis, resolutas e tenham autoridade para agir.

Reconhecimento da crise

Onde há fumaça, há fogo

Principais tópicos abordados neste capítulo

- *Sete sinais de que a crise está tomando forma*
- *Por que os sinais de alerta são ignorados*
- *Dicas práticas para reconhecer uma crise*

É SEMPRE PRUDENTE TER uma equipe de gestão de crises de prontidão e armada com planos de contingência. Se algo acontecer, a equipe estará preparada para agir antes que sejam causados danos demais. Ao menor sinal de problemas, ela estará pronta para atacar!

Mas o que prenuncia uma crise? Como você saberá que é hora de agir?

Algumas crises são evidentes por si mesmas. Os bombeiros estão jogando água pelas janelas de seu prédio enquanto você está estacionando o carro. O jornal da manhã tem uma foto de seu CEO na primeira página — algemado. Mas, infelizmente, nem toda crise se anuncia tão enfaticamente. Muitas começam como pequenas brasas que se tornam mais quentes, por fim incendiando tudo em volta delas. Quando a crise começa pequena, as pessoas podem não se dar conta do que está acontecendo diante de seus olhos — e quando finalmente veem, a situação já está perigosa e difícil de conter.

Este capítulo aborda o problema do reconhecimento da crise e o que você pode fazer para se certificar de que os sinais de alerta sejam detectados e atendidos a tempo.

Diferentes sinais de alerta

Se sua empresa é um empreendimento de negócios, os sinais de alerta de crises podem assumir várias formas. Procure por eles entre as origens tradicionais de crises (desastres naturais, panes tecnológicas etc.) das quais já falamos. Esteja também atento para o que se segue.

Uma descontinuidade técnica

Uma descontinuidade técnica é uma inovação que representa uma mudança grande e profunda de uma tecnologia arraigada até então. O desenvolvimento do transistor na Bell Labs na década de 1950 foi uma descontinuidade técnica que deu a seus desenvolvedores o prêmio Nobel. O surgimento do transistor também assinalou o fim da era da tecnologia dos tubos a vácuo, que dominaram o setor de eletrônicos da época. Era uma novidade. As empresas que não conseguiram captar o sinal e entrar nessa nova onda viram suas fortunas diminuírem nos anos seguintes. Em pouco tempo os tubos a vácuo passaram a ser usados somente em alguns dispositivos especializados, e a fortuna de seus principais fabricantes desapareceu.

Resistência pública a uma inovação

Quando se trata de alimento, o público desconfia de qualquer produto que pareça alterado ou adulterado. Isso se aplica particularmente à Europa, onde a resistência a derivados de carne norte-americanos — devido ao uso de hormônios de crescimento em sua fabricação — é imperiosa e vem de longa data. Este sinal não pareceu ser registrado pela Monsanto, que continuou a investir pesadamente em safras geneticamente alteradas. Hoje, a introdução destas safras enfrenta a resistência de agricultores, ambientalistas, grupos de consumidores e reguladores na Europa, no Canadá e na Ásia.

Alertas de fiscais de construção, segurança ou saúde

Um padrão de pequenos descuidos costuma ser um sinal de que alguma coisa muito ruim está prestes a acontecer. Por exemplo, os proprietários de um clube noturno no South Side de Chicago foram alertados mais de uma vez pelos fiscais de construção sobre as violações à segurança contra incêndio. Eram sinais de que algo perigoso, se não fatal, poderia acontecer. Mas os proprietários não deram a atenção devida. Numa noite de sábado, um incêndio surgiu no clube, e os seguranças reagiram com jatos de spray de pimenta. O consequente pânico da multidão resultou em mais de vinte mortes por pisoteamento e sufocação. Este desastre teria sido evitado se os proprietários tivessem prestado atenção às advertências dos fiscais.

Sua empresa tem um padrão de alertas de construção, saúde ou segurança? Se tiver, pode estar prestes a sofrer um acidente grave e uma crise.

Boatos e suspeitas persistentes

A maioria dos boatos que percorrem uma organização nada mais é do que tagarelice vazia, e rapidamente se dissipa. Mas outros persistem, muitas vezes porque contêm um grão de verdade — mais um sinal de alerta de que alguma coisa ruim está acontecendo. Considere este exemplo:

Há não muitos anos, o CEO de uma grande corporação foi alertado de que o presidente de uma de suas subsidiárias — uma empresa de cinema — era suspeito de desviar dinheiro e forjar contas. O CEO se recusou a acreditar que esta pessoa cometeria tais crimes e assim ignorou o que ouvia. Mas o problema não desapareceu. Por fim, o que muitos suspeitavam se revelou verdadeiro. Quando o CEO decidiu demitir o funcionário, este já tinha arregimentado os membros do conselho, que insistiram em mantê-lo. A situação piorou e novos rumores mancharam o nome da empresa de cinema, a corporação e todos os envolvidos — inclusive o CEO. Era uma situação feia e dolorosa, e que podia ter sido evitada se tivesse sido reconhecida como uma crise em potencial e abordada prontamente.

Queixas recorrentes de clientes

A Igreja Católica norte-americana havia anos vinha recebendo queixas de fiéis relacionadas com padres pedófilos. Este comportamento vergonhoso e crimino-

Reconhecimento da crise

so não era novo na instituição. Era algo que seus líderes evitavam discutir publicamente, e tampouco enfrentavam dentro de suas próprias fileiras. Em muitos casos, a solução era silenciar as acusações e transferir os padres criminosos para outras paróquias, onde alguns deles ainda causavam novos danos. Os sinais de alerta de crise estavam todos ali.

O problema da pedofilia por fim explodiu em um escândalo nacional que custou milhões à Igreja e provavelmente maculou sua reputação por uma geração ou mais. Ironicamente, um quadro semelhante de queixas ignoradas, feitas pelos "clientes" da Igreja no séculos XV e XVI, já haviam levado a instituição a outra grande crise. Na época, as reclamações tinham a ver com a venda de indulgências (isto é, a remissão do castigo pelos pecados após a morte), a frouxidão moral do clero e a riqueza excessiva da Igreja. Estas reclamações ignoradas por fim explodiram na Reforma protestante, que dividiu a cristandade desde então.

Seus clientes estão lhe falando algo sobre condições perigosas associadas com seus produtos ou práticas questionáveis dos representantes de venda de sua empresa? Se estiverem, pode ser o sinal de uma crise iminente.

Padrões frouxos de administração

Qualquer empresa que permita que os gerentes lidem de forma apressada e negligente com regulamentos na contratação, práticas de venda, de supervisão e assim por diante sinaliza que grandes problemas podem estar prestes a surgir. Uma cadeia de restaurantes com filiais em todos os Estados Unidos, por exemplo, estava com muitos problemas de discriminação ilegal contra funcionários e clientes pertencentes a minorias. Esta situação era de conhecimento comum entre os funcionários, e no entanto a liderança nada fez a respeito. Como era de se esperar, a empresa sofreu com processos milionários por violações aos direitos civis, constrangimento público e discriminação.

Reclamações de funcionários de escalões inferiores

Em muitos casos, os funcionários tentam alertar a gerência sobre problemas ou perigos, mas estas questões não são ouvidas adequadamente. Antes da explosão da nave espacial Challenger em 1987, por exemplo, a gerência de um fornecedor importante recebeu vários memorandos urgentes pedindo atenção ao que poderia ser um problema grave de engenharia que podia destruir a nave. Aqueles memorandos não impressionaram os *controllers* do programa. E veio o desastre.

Mais recentemente, o escândalo de *market-timing* (previsão dos movimentos do mercado) que lançou a Putnam Investments, uma importante empresa de fundos mútuos de Boston, em uma crise regulatória e de negócios podia ter sido evitado se a gerência tivesse dado atenção aos alertas de um de seus funcionários. Como descreveu o *Wall Street Journal*:

> *Ignorar as más notícias não faz com que os problemas desapareçam, só os aumenta. Executivos da Putnam Investments, agora sob investigação por abusos na corretagem de fundos mútuos, e funcionários da Comissão de Valores Mobiliários (SEC) aprenderam esta lição.*
>
> *Um dos funcionários do call-center da Putnam, Peter Scannell, passou quase dois anos tentando alertar vários de seus supervisores sobre negócios "pesados" de* market-timing *que objetivavam auferir lucro rápido. Os negócios, embora fossem legais, prejudicavam os investidores de longo prazo, violando portanto as diretrizes internas das empresas de fundos mútuos. Mas os gerentes da Putnam ignoraram os avisos, disse ele. O mesmo fizeram os funcionários da Comissão de Valores Mobiliários em Boston, cuja ajuda Peter procurou na primavera passada. Por fim, conseguiu uma audiência em setembro [de 2003] com os reguladores do estado em Massachusetts, que usaram a informação que ele deu para iniciar uma auditoria da Putnam, uma das muitas empresas de fundos mútuos que agora estão sendo investigadas.*[1]

A Putnam pagou amargamente por não ter dado atenção aos alertas deste funcionário. Ela concordou em calcular os prejuízos e compensar os acionistas do fundo por danos sofridos desde 1998. Pior ainda, o escândalo de *market-*

timing induziu vários de seus maiores clientes de fundos de pensão — investidores com contas multibilionárias — a transferir os ativos para outra empresa. Segundo uma estimativa, perto de US$ 13,2 bilhões foram retirados da Putnam só no mês de novembro de 2003. E, uma vez que os gerentes de fundos mútuos recebem uma porcentagem dos ativos que administram, o escândalo diminuiu expressivamente os ganhos futuros da Putnam.[2]

Os sinais de alerta citados nesta seção não são os únicos arautos de crises futuras. Para uma relação maior e uma ferramenta à mão para pensar neles, ver a lista de verificação dos "30 sinais de alerta de problemas em potencial" no Apêndice A.

Por que os alertas são ignorados

Está claro, em retrospecto, que cada um dos desastres descritos até agora — e muitos semelhantes — podiam ter sido evitados ou mitigados se alguém com autoridade para agir tivesse dado atenção aos sinais de alerta. Isto suscita a questão: Por que os sinais de crises iminentes não conseguem ser transmitidos ou registrados? As possíveis explicações incluem subestimação do problema, orgulho excessivo e deficiência em "ligar os pontos".

Subestimação do problema

Você se lembra da enorme comoção em 1994 com o chip Pentium, da Intel? Este chip fazia tudo muito bem, menos um tipo de cálculo matemático, um problema que dificilmente alguém perceberia ou com o qual se importaria. Entretanto, um professor universitário percebeu e se importou e entrou em contato com a empresa. Como disse Norman Augustine: "Tão confiante a empresa estava em seu produto que notoriamente dispensou o professor educadamente. Pesquisando na internet para saber se outras pessoas podiam confirmar o problema que ele havia encontrado, [o professor] incitou uma avalanche de 10 mil mensagens."[3] A história logo chegou aos meios de comunicação, gerando dezenas de piadas por e-mail e um monte de publicidade ruim, tudo em detrimento da Intel.

Neste caso, o que parecia um pequeno problema para os diretores da Intel foi percebido de forma diferente por muitos clientes, que ficaram ofendidos tanto com a atitude da empresa quanto com o defeito do chip. Este foi um caso claro de subestimação de um alerta.

Orgulho excessivo

O orgulho excessivo é particularmente mortal para as organizações bem-sucedidas. Ele estimula a presunção e um ar de invulnerabilidade, cegando os líderes para sinais de problemas iminentes. Como exemplo de orgulho organizacional, considere os executivos da General Motors que deixaram de dar atenção a avisos importantes de que o valor de seus produtos, aos olhos dos clientes, estava sendo eclipsado por produtos de concorrentes estrangeiros.

Quando a J.D. Power and Associates publicou seu primeiro levantamento da qualidade e da satisfação do cliente do setor automobilístico no início dos anos 1980, os veículos japoneses alcançaram uma excelente classificação. O maior produtor do setor, a norte-americana General Motors (GM), viu-se de fora, olhando os concorrentes. Os dados de outras fontes, inclusive os problemas de qualidade documentados da própria GM com as plataformas do X-Car e do J-Car, só confirmaram a avaliação da J.D. Power. Os gerentes de qualidade e confiabilidade (Q&C) da GM levaram estas descobertas perturbadoras a sério, mas os líderes corporativos, não; permaneceram firmes em sua convicção de que a GM estabelecia o padrão segundo o qual todos os outros fabricantes de automóveis eram avaliados. Afinal, era o fabricante maior e mais forte do mundo.

Sentindo a importância crescente dos padrões de qualidade, o departamento de Q&C realizou um estudo de benchmarking envolvendo 11 empresas conhecidas pela excelência de seus produtos. A GM não se saiu bem nesta

Reconhecimento da crise

avaliação. Quando foram apresentadas à gerência sênior no final de 1984, as conclusões do estudo tiveram uma recepção fria e pouca atenção.[4]

Podemos apenas especular por que a liderança da GM deixou de ouvir os sinais de alerta claros de problemas, tanto de dentro como de fora. Teria sido por orgulho? As pessoas no topo estavam concentradas demais em outras questões para ouvir? Qualquer que tenha sido o motivo, o fato de a gigante de Detroit ter perdido o bonde da qualidade rapidamente deu a concorrentes, como a Toyota e a Nissan, oportunidades de expandir a participação de mercado à custa da GM. E depois de perdida, a participação nunca foi recuperada, apesar de mais de 20 anos de tentativas.

Deficiência em "ligar os pontos"

Na esteira do ataque terrorista de 11 de setembro nos Estados Unidos, o FBI foi criticado por não saber "ligar os pontos" — isto é, por ter deixado de relacionar fragmentos soltos de informações em uma descrição coerente do plano dos atacantes. Se esta crítica era válida (e isto ainda não foi provado), essa falha no serviço de informações foi semelhante à que levou ao desastre militar do país em Pearl Harbor em 7 de dezembro de 1941. Neste caso, vários relatórios do serviço secreto e dos militares, e mensagens do Departamento de Estado norte-americano, forneceram fragmentos de informação que, se tivessem sido reunidos, teriam identificado onde, quando e como o ataque aéreo do Japão seria desferido na base estratégica do Pacífico. Mas isso não aconteceu. A Marinha tinha alguma informação, o Exército outras, e o Departamento de Estado outras ainda. Estas organizações separadas, contudo, não estavam estruturadas para compartilhar o que sabiam. A informação foi mantida em bolsões distintos e nunca foi reunida em um quadro coerente do ataque planejado. As grandes organizações corporativas muitas vezes sofrem do mesmo mal. Dados úteis, detidos por departamentos diferentes, nem sempre são reunidos, tornando difícil para os agentes de decisão ligarem os pontos e preverem uma crise em desenvolvimento.

Soluções

Subestimar os problemas, orgulho excessivo e deficiência em ligar os pontos — estes são aspectos instrínsecos do comportamento humano que impedem que as pessoas reconheçam crises durante sua formação. Nós os vemos se repetindo constantemente no tempo e em cada parte do mundo. A questão é: O que pode ser feito a respeito deles, e para tornar mais claro o reconhecimento de uma crise?

Para reconhecer uma crise antes que ela aconteça, ou em sua fase inicial, você precisa de mecanismos organizacionais para:

- Identificar os sinais de alerta de uma crise.

- Soar o alarme para as pessoas com autoridade para agir.

Considere estas três recomendações:

1. **Fortaleça os funcionários de baixo escalão.** Não espere que a gerência sênior faça o trabalho. Ela fica tão preocupada em manter a empresa funcionando que em geral está na pior posição para reconhecer uma crise iminente. Os sinais de alerta de crises futuras com frequência são mais facilmente observados pelos funcionários dos cargos mais baixos, as pessoas da linha de frente do negócio: o pessoal de vendas e serviços, supervisores de segurança, inspetores de qualidade, contadores e profissionais da área técnica. Estas pessoas devem ter autonomia e ser estimuladas a falar quando virem alguma coisa que esteja terrivelmente errada. Isso não acontecerá quando os funcionários são estimulados a "calar a boca e seguir ordens". Tampouco acontecerá em um ambiente de trabalho dominado pelo medo.

2. **Certifique-se de que alguém esteja atento aos alertas dos funcionários.** Uma árvore que cai na floresta produz som somente quando há alguém para ouvir. Assim, instrua os supervisores e gerentes a agirem como postos de escuta. Deixe claro que esta responsabilidade é uma de suas muitas funções. Esta atitude é particularmente importante quando o problema são os líderes e gerentes de uma empresa. Como observou sensatamente Norman Augustine

Reconhecimento da crise

"Perguntar se havia ou não problemas às pessoas responsáveis pela prevenção de um problema é como querer que um coelho faça entrega de alface."[5]

Supervisores e gerentes medíocres ou ineptos podem ser ineficazes como postos de escuta. Se você precisa de mais uma desculpa para se livrar de gerentes e executivos de terceira classe, aí está ela. Substitua-os por pessoas que (1) estejam atentas aos problemas em potencial e (2) ouçam os funcionários que se subordinam a elas.

3. **Forme uma equipe central de crise.** Para seguir a recomendação anterior, crie uma equipe central de crise — um pequeno grupo de pessoas com habilidades complementares para desenvolver planos de contingência e reagir a crises à medida que elas se desenvolvem. Se os gerentes não estão ouvindo, dê aos funcionários autonomia para que sejam capazes de levar seus alertas de crises iminentes à equipe. Uma grande organização precisa de um local, um centro de inteligência, onde os fragmentos de sinais de perigo externos sejam reunidos — e onde os pontos possam ser ligados. Vincent Barabba e o professor de Harvard Gerald Zaltman sugeriram um lugar semelhante em seu livro de 1991, *Hearing the Voice of the Market*.[6] Embora sua preocupação fosse estritamente sobre informação de mercado, um "centro de investigação" é igualmente válido para informações ligadas à crise. Um centro desses seria uma unidade física onde uma pequena equipe com treinamento interfuncional poderia reunir e examinar informações. Só uma grande organização pode arcar com algo semelhante. Para empresas menores, uma equipe de gestão de crise de prontidão pode cumprir a mesma função a um custo menor.

O quanto sua empresa está preparada para reconhecer os sinais de alerta de crises? Se uma crise em potencial chegasse na soleira de sua porta hoje, alguém perceberia? Quem soaria o alarme? As pessoas com autoridade reagiriam? Para responder a estas perguntas importantes, examine sua empresa com relação às três barreiras ao reconhecimento de crises que acabamos de descrever: tendência a subestimar problemas, orgulho excessivo e não conseguir ligar os pontos. Corrija estas falhas e você terá uma chance muito maior de identificar uma crise em potencial antes que ela surja, ou antes que ela se torne um grande problema.

Dicas para reconhecer crises iminentes

Muitos gerentes — como outras pessoas — relutam em enfrentar situações desagradáveis. Ou não acreditam nas más notícias, ou não as enfrentam. Nem todo problema é uma crise em formação; os gerentes dissipariam cada fração de sua energia se tratassem os problemas desta forma. Então, como eles reconhecem uma crise quando estão diante delas? Eis algumas sugestões.

- Preste atenção quando seus instintos lhe disserem que há alguma coisa errada.

- Confronte os fatos perturbadores à medida que os encontrar. Não os ignore, nem os racionalize, nem minimize sua importância. Em lugar disso, investigue.

- Considere as consequências se os fatos perturbadores se tornarem uma realidade (isto é, perdas financeiras, lesão física, reputação da empresa etc.).

- Faça perguntas: Esta é a ponta de um iceberg grande e poderoso? Quais são as dimensões do problema neste momento? Poderia ele crescer e se tornar mais perigoso?

- Procure pelo conselho dos outros, em particular daqueles que estão próximos da situação.

- Deixe que seus valores o orientem. O que é importante? Qual é a coisa certa a fazer? Por exemplo, se uma empresa contratada está utilizando ilegalmente o lixo tóxico de sua empresa, contaminando o ambiente e possivelmente colocando vidas em perigo e você suspeita de que a empresa está fazendo vista grossa para isto, faça o que seus valores o instarem a fazer: confronte a situação. Não a ignore.

Resumo

- Muitas crises se originam de descontinuidade tecnológica ou resistência pública a uma inovação em particular, em que uma empresa está profundamente envolvida.

- Fiscais de construção, segurança e saúde sempre soam um alarme antecipado de desastre.

- Ouça cuidadosamente as queixas persistentes de clientes. Eles sempre revelam o início de problemas sistêmicos, em grande parte desconhecidos.

- Padrões frouxos com relação a práticas de contratação, supervisão e vendas em geral levam a maiores penalidades e processos judiciais.

- Preste atenção em quem tenta alertar a gerência para problemas ou perigos ocultos.

- Alertas precoces de crises iminentes passam despercebidos por vários motivos, como subestimação do problema, autoconfiança excessiva e deficiência para ligar os pontos.

- As empresas aumentam a probabilidade de perceber os sinais de alerta de crises quando dão autonomia aos funcionários, certificam-se de que alguém com autoridade está atento aos alertas deles e criam equipes centrais de crises.

Contenção

Como evitar que uma situação ruim fique pior

Principais tópicos abordados neste capítulo

- *Regra 1: Use a ação rápida e decisiva*
- *Regra 2: Coloque as pessoas em primeiro lugar*
- *Regra 3: Esteja fisicamente presente*
- *Regra 4: Comunique amplamente*

EM ATENÇÃO, algumas crises passarão do ruim para o pior. Foi o que aconteceu no escândalo de pedofilia que assolou a diocese católica de Boston por um período de dez anos. Quanto mais as autoridades da Igreja temiam e negavam, pior ficava a situação. Uma crise em uma área também pode criar crise em outra se não for controlada rapidamente. Por exemplo, caso se descubra um desfalque cometido por um executivo proeminente, os meios de comunicação expõem a história. Enquanto a gerência está ocupada com as questões judiciais do desfalque, outros fatos ruins acontecem. Devido ao dano causado à reputação da empresa, executivos talentosos podem ser levados por concorrentes, promissores candidatos a funcionários procurarão emprego em outro lugar e os representantes de vendas da empresa dirão que alguns clientes essenciais transferiram seu pedidos para outro fornecedor. Enquanto isso, acionistas ultrajados podem até mover um processo contra os membros do conselho, alegando que eles não corresponderam a suas responsabilidades fiduciárias.

Este capítulo propõe quatro regras para conter uma crise depois que ela é reconhecida. *Contenção da crise* é definida aqui como a decisão e as ações que têm como objetivo evitar que a situação se agrave.

A contenção da crise tem muito em comum com o trabalho dos paramédicos — isto é, estabilizar a situação até que uma atitude mais decisiva possa ser tomada, como no seguinte exemplo:

Uma ambulância dos paramédicos acabou de chegar à cena de um acidente de trânsito. O motorista de um dos veículos está respirando e semiconsciente, mas já

Contenção

em estado de choque. Ele também está sangrando muito de uma laceração no braço. Não há outros sinais visíveis de lesão.

Só de olhar, os paramédicos sabem que este motorista está em grave risco devido a hemorragia, choque e quaisquer lesões internas que eles não têm recursos para tratar. Sua tarefa é clara: evitar que a condição da vítima do acidente piore enquanto eles o levam rapidamente ao hospital. Uma vez no hospital, médicos e enfermeiras tomarão as medidas necessárias para restaurar a saúde do motorista. Assim, os paramédicos colocam a vítima na ambulância, e um deles dirige enquanto o outro aplica uma atadura de pressão na ferida do braço e toma providências para evitar que o paciente entre em choque.

Neste exemplo, os paramédicos estão praticando a contenção de crises. Quando uma crise atingir sua empresa, pense como um paramédico. Identifique o problema e depois deduza o que pode fazer para estabilizar a situação e evitar que ela piore. Esta medida de emergência dará a sua equipe de crise tempo para implementar um plano de contingência adequado.

Regra 1: Aja rápida e decisivamente

Acima de tudo, tenha em mente a primeira regra da contenção de crises, que é agir rápida e decisivamente. Foi o que fizeram os diretores da Johnson & Johnson (J&J) em 1982, quando os primeiros casos de doença e morte de clientes foram associados com o Tylenol, o analgésico de balcão mais vendido da empresa. Em três dias, sete pessoas morreram depois de usar o medicamento — todas vítimas de um farmaterrorista que implantou cápsulas de cianeto nos frascos do produto. Quantos frascos foram adulterados até ali? Quantos mais morreriam? Será que outros criminosos imitariam o ataque em outras partes do país? Os diretores da empresa não tinham como responder a estas perguntas, então agiram decisivamente, retirando todos os produtos Tylenol das prateleiras das drogarias — todos os 22 milhões de frascos. E mantiveram o produto longe das prateleiras até que tivessem desenvolvido um recipiente de Tylenol à prova de adulteração, em que eles e o público tivessem confiança. Esta ação custou à J&J

centenas de milhões de dólares no curto prazo, mas conteve a crise e tornou possível para a marca reconquistar sua reputação e lucratividade no longo prazo. Esta ação rápida evitou que um ato criminoso enfraquecesse a confiança do público no empreendimento global e nos muitos produtos da Johnson & Johnson.

Esse caso sublinha a importância da ação rápida e decisiva em situações de crise. Isto é mais fácil dizer do que fazer. Os bons gerentes sabem que boas decisões dependem de uma base sólida de informação e da análise da situação. Mas em geral ambas estão ausentes em uma crise. A informação é limitada, e você não tem tempo de reunir tudo de que precisa. E qualquer medida que você tomar provavelmente será onerosa e exporá sua intervenção a um monte de conjeturas depois que a crise tiver passado.

As informações limitadas em muitos casos não devem impedir uma reação rápida, em particular se tiver sido feito o planejamento de contingência recomendado anteriormente. Por exemplo, se sentimos cheiro de fumaça em nosso prédio, não precisamos saber da extensão do incêndio ou onde ele está localizado para tomar providências. Agimos imediatamente para evacuar o prédio e chamar o corpo de bombeiros. Se praticamos o planejamento de contingência, o número do telefone dos bombeiros estará em nossa discagem rápida e todos os funcionários terão sido treinados para uma evacuação eficaz do prédio. Será que devemos nos preocupar com um falso alarme? Não. Devemos saber antecipadamente que a maioria das evacuações de prédios se baseia nesse tipo de alerta. Mas o custo de um falso alarme não é nada se comparado com o de múltiplas mortes e danos à propriedade causados por um incêndio que pode ocorrer se a evacuação se atrasar.

Regra 2: Coloque as pessoas em primeiro lugar

O caso do Tylenol da Johnson & Johnson e o exemplo de uma emergência de incêndio ilustram a segunda regra da contenção da crise: faça das pessoas sua primeira preocupação. No fim, os bens materiais podem ser substituídos — e a maior parte deles já está segurado contra perdas —, como neste caso:

Uma tempestade torrencial causou sérios danos a uma seção de um prédio de escritórios, destruindo equipamentos eletrônicos, carpetes, documentos arquivados e o espaço de trabalho usado por dez funcionários no primeiro andar. Robert, o gerente administrativo, estava lá na manhã seguinte enquanto os funcionários apareciam para trabalhar. Ele ajudou estes funcionários e uma equipe contratada a limpar a área e secar tudo. Vinte e quatro horas depois, o lugar estava pronto para operar novamente.

Três dias mais tarde, vários funcionários se queixaram de problemas respiratórios e dores de cabeça. Muitos suspeitavam de que a culpa era do carpete. Embora tenha sido completamente limpo e seco depois da inundação, acreditavam que o carpete estava infestado de mofo. O gerente pensou em suas alternativas. Ele podia mandar limpá-lo novamente e esperar que o problema desaparecesse. Podia fazer uma solicitação para a substituição do carpete, mas isso envolveria esperar vários dias para que o orçamento fosse aprovado e outro tanto para a instalação. Robert pediu então que todo o carpete da área fosse retirado e substituído. "Vou me preocupar com o custo depois", disse ele a si mesmo.

Neste caso, a abordagem de Robert satisfez à primeira e à segunda regras da contenção de crises: ele agiu rápida e decisivamente, e pôs as pessoas acima dos bens materiais. Ao substituir de imediato o carpete suspeito, ele demonstrou que a saúde dos funcionários era mais importante do que qualquer outra consideração. Alguém podia se queixar de que o custo não estava no orçamento, mas gastos com crises nunca estão no orçamento. Assim, dentro dos limites do bom senso, não se preocupe com o orçamento ou com outros procedimentos do local de trabalho que regem as ações sob condições normais. Em vez disso, faça o que for necessário para garantir a segurança das pessoas.

Regra 3: Esteja presente

A terceira regra da contenção de crises é que o pessoal dos escalões superiores esteja fisicamente presente na cena com a máxima rapidez. Uma presença física manda uma mensagem em alto e bom som de que aquelas pessoas acham a situação extremamente importante. Sua ausência envia a mensagem contrária, de que eles têm outras prioridades no momento. Pense no impacto desta mensagem sobre as pessoas afetadas pela crise. Como afirma o escritor e médico

90 Gerenciando a crise

Laurence Barton: "As pessoas querem ver seus líderes em uma crise."[1] Aqui está o que pode acontecer quando os encarregados preferem evitar os refletores:

O naufrágio do submarino nuclear Kursk em agosto de 2000 foi um grande golpe para a reputação e o moral da marinha russa. Para piorar a questão, as autoridades não conseguiram realizar uma missão de resgate e tiveram de apelar a rivais ocidentais para recuperar o submarino. Pior ainda, 118 membros da tripulação morreram.

O modo como o governo russo enfrentou a crise foi igualmente ineficaz. O ministro da Defesa inicialmente menosprezou a gravidade do incidente, dizendo que o submarino tinha apenas descido ao fundo durante um exercício de treinamento. A tripulação, disse ele ao público, não corria perigo imediato. Depois, à medida que os detalhes começaram a vazar, o ministro divulgou boatos de uma colisão com um submarino da Otan. Estes pronunciamentos se mostraram falsos quando mais informações se tornavam disponíveis, indicando que o governo estava mais interessado em acobertar o desastre do que em resolver o problema e salvar a tripulação.

O naufrágio do Kursk também foi um enorme erro de relações públicas para o presidente Vladimir Putin, que na época estava de férias em um resort no sul da Rússia e apareceu com roupas informais para dizer ao público de televisão que a situação estava sob controle. Ele depois desapareceu por vários dias. O fato de ter deixado de lidar pessoalmente com a administração da crise irritou o público e ultrajou as famílias da malfadada tripulação. Como foi relatado pelo Los Angeles Times: *"Putin parecia distraído e distante depois do naufrágio do Kursk. Ele ficou de férias por quase uma semana no resort de Sochi, no mar Negro, e só requisitou ajuda estrangeira em 16 de agosto. Em vez de ir ao porto ártico do submarino para estimular os esforços de resgate, ele se comportou na semana passada como uma autoridade que não quer ser perturbada."[2] Por fim, o líder russo encontrou tempo para visitar a base do Kursk, onde foi recebido por uma multidão hostil e raivosa.*

Quase se pode perdoar Vladimir Putin por não observar a Regra número 3 da contenção de crises. Afinal, sua formação como funcionário da KGB não o preparou para lidar com nada parecido com isso. A expressão *relações públicas* provavelmente nem estava no vocabulário da KGB. Não é tão fácil perdoar os executivos ocidentais por cometerem este erro. Mas eles quebram esta regra da mesma maneira. Um

Contenção

exemplo foi o CEO da Exxon, Lawrence Rawls, que só apareceu no local do desastroso acidente do Exxon Valdez três semanas depois do evento.[3] Em vez de mandar seus funcionários mais importantes para a cena do maior e mais perigoso derramamento de petróleo da história, a Exxon enviou um funcionário distrital. O exemplo dado pelo prefeito de Nova York, Rudy Giuliani, forma um contraste agudo com os de Putin na Rússia e Rawls no caso da Exxon. Giuliani parecia onipresente após a tragédia de 11 de setembro. Estava na cena minutos depois dos ataques terroristas contra as Torres Gêmeas, no comando, disponível para a imprensa e compareceu a dezenas de funerais nas semanas que se seguiram.

Não se quer dizer com isso que o CEO deve assumir o comando de cada crise. Por exemplo, o diretor de uma enorme cadeia de varejo como a Home Depot não deve se sentir compelido a correr até uma loja em chamas. Isso seria ótimo, mas não estritamente necessário. O gerente local ou distrital cumprirá o mesmo papel. A reação deve ser proporcional à crise. Por exemplo, se o incêndio na loja matou clientes ou funcionários, o nível da crise exigirá a presença do CEO.

Regra 4: Comunique-se generosamente

Incêndios, interrupções de energia, tomadas de controle hostis, insucessos de produtos importantes e outros eventos prejudiciais criam uma demanda súbita e substancial por informação. As pessoas querem saber o que aconteceu, como aconteceu, o que acontecerá depois e como devem reagir. A Regra 4 da contenção de crises requer que estas questões sejam respondidas assim que possível.

Todo plano de contingência e toda equipe de gestão de crises devem ter uma estratégia de comunicação pronta para fornecer informações à medida que forem disponibilizadas. Obviamente, este plano não pode ter um conjunto formado de respostas para as perguntas das pessoas, mas pode e deve ter todos os mecanismos para a comunicação. Estes incluem:

- Um plano para reunir os dados disponíveis.

- Um porta-voz designado.

92 Gerenciando a crise

- Os nomes e telefones das pessoas e instituições que devem ser procuradas na esteira de uma crise (gerentes, supervisores, bombeiros e polícia, meios de comunicação e assim por diante).

- Uma linha telefônica que as pessoas possam usar para obter informações e instruções.

- Um grupo de endereços de e-mail que possa enviar uma mensagem a todos os funcionários e diretores de uma só vez.

- Um centro de comunicações externo, equipado com telefones, celulares e conexão com a internet (estar fora do local da crise é importante no caso de incêndio do prédio; os celulares são essenciais porque é possível que as linhas fixas não estejam funcionando).

Você tem um plano de comunicação? Ele atenderia às exigências de uma crise grave?

Combata os boatos e a especulação com a realidade

Uma crise repentina cria um vácuo de informações. Alguma coisa aconteceu mas ninguém sabe o quê — pelo menos inicialmente. As pessoas ficam ansiosas por notícias. Assim como a natureza odeia o vácuo, o espaço sem informação tende a se preencher com o que quer que apareça, mesmo que não passe de especulação e boatos. Se você tem alguma dúvida sobre isso, ligue sua televisão ou o rádio da próxima vez em que ocorrer uma grande catástrofe, a irrupção de uma guerra ou um escândalo político. As emissoras entram em regime de plantão total nestes eventos e convocam todos os locutores, comentaristas e repórteres para preencher a programação. Durante o primeiro dia do escândalo Clinton-Lewinsky, por exemplo, uma repórter política mal informada, da National Public Radio, lutava desesperadamente para encontrar alguma coisa para dizer sobre o impacto do escândalo de devassidão sobre o futuro político de Clinton. "As pessoas estão dizendo...", entoou ela, indicando que até a mídia legitimada tinha mergulhado no poço de boatos.

Contenção

A quarta regra da contenção de crises é comunicar os fatos que existem — nada mais, nada menos. Esta atitude ajudará a preencher o vácuo de informações, deixando menos espaço para boatos e especulações. Um bom comunicador também pode conter boatos diretamente, como nestes exemplos:

Vários funcionários estão preocupados que a proposta de fusão com a Oscar's Cat Food, Inc. vá resultar no fechamento de nossa fábrica regional em Nashville. Esta inquietação não tem fundamento. Posso dizer a vocês que não existem planos de fechamento da fábrica de Nashville.

Como muitos especularam, o incêndio de 27 de outubro causou consideráveis danos a nosso equipamento de sistema de informações. A total extensão desses prejuízos está sendo avaliada no momento. Nesse meio-tempo, nosso sistema de back-up externo está funcionando plenamente, sendo capaz de lidar com todas as nossas exigências de informação e transação durante o período de recuperação. A partir de amanhã, todos os pedidos serão canalizados por nosso serviço de atendimento ao cliente de Limerick, na Irlanda, processados pelo centro de dados externo e atendidos por nossas instalações de distribuição regional.

Várias matérias recentes nos jornais apontaram para supostas impropriedades na gerência do plano de pensão ao funcionário de sua empresa. A esta altura, nenhuma das alegações foi substanciada. O conselho diretor contratou uma empresa de auditoria independente, a Farnsworth & Farrell, para realizar uma investigação detalhada, que agora está em sua fase inicial. Esperamos um relato completo para o início de novembro deste ano e ele estará disponível para todos. Neste ínterim, quaisquer descobertas serão comunicadas a vocês sem demora.

Ao se comunicar, transmita todas as notícias ruins de uma só vez. É melhor e mais honesto fazer isto do que manter um fluxo contínuo de más notícias. Reunir todas as informações ruins é como arrancar rapidamente um esparadrapo. Dói por um momento, mas em seguida a dor passa. Da mesma forma, depois que todas as notícias ruins forem transmitidas, as comunicações subsequentes provavelmente serão dominadas pelas boas notícias. Por exemplo:

Temos a satisfação de informar que uma análise dos danos do incêndio em nosso centro de dados, feita pela vice-presidente de TI Jane Harley e pelo diretor de operações Jake Newhall, revelou que as perdas são muito menos graves do que previmos e que o sistema estará pronto e em funcionamento mais cedo do que acreditávamos. Enquanto isso, o sistema de back-up externo está em seu segundo dia de processamento de pedidos de clientes e transcorre sem atropelos!

Fale com uma só voz

Embora sua equipe de gestão de crises possa ter escolhido um porta-voz para se comunicar com a mídia, esta provavelmente vai procurar por outros para obter suas histórias e opiniões. Por exemplo, se um gerente sênior está sendo processado por assédio sexual, é provável que as funcionárias recebam telefonemas no trabalho e em casa de repórteres procurando por uma boa história. Elas podem ou não estar de posse dos fatos. Assim, estimule os funcionários a remeter todas as perguntas ao porta-voz da empresa.

Comunique-se com os acionistas e o público

Na contenção de uma crise, os funcionários são uma primeira preocupação natural. Mas não se esqueça de outros interessados: os acionistas, fornecedores, clientes e parceiros estratégicos de negócios, entre outros. Eles vão querer saber o que está acontecendo e o que esperar. O mesmo é válido para o público nas áreas geográficas onde opera a sua empresa. Dê a ele os mesmos dados que você forneceu a seus funcionários e acionistas: um comunicado à imprensa é com frequência a abordagem mais rápida e melhor.

Lembre-se também de que o que você disser e como disser são fundamentais. O modo como se comunica talvez precipite ações que podem piorar a crise ou melhorá-la. Uma crise, por definição, significa que as notícias são ruins. Lidar com a dor e a raiva cedo pode evitar problemas piores depois. Sua meta é conter a crise geral, e não tornar o momento presente mais fácil.

Contenção

Na dúvida, deixe que seu treinamento, seus valores e instintos o guiem

A contenção de crises pode levar ao limite a capacidade de uma pessoa de tomar boas decisões. As informações são poucas e os agentes de decisão devem agir rapidamente ou se arriscar a uma situação ainda maior de crise. Não há tempo para reunir mais informações, considerar calmamente as reações alternativas nem pensar nas consequências em suas supostas. Pense por um momento no que deve representar ser um tenente de 23 anos cujo pelotão de infantaria acabou de cair numa emboscada. Dois homens já foram alvejados e todos os outros estão acuados por um tiroteio incessante. A mata cerrada torna impossível ver contra o que se está lutando. O barulho é ensurdecedor e todos, inclusive você, estão assustados. Você sabe que, se ficar onde está, os morteiros inimigos terão tempo de ajustar a mira. Se você se mover, seus homens serão expostos. O sargento do pelotão se arrasta para se afastar dos tiros: "O que vamos fazer, senhor?" Sim, o que você vai fazer?

Se está encarregado de conter uma crise, você e o jovem tenente têm muito em comum. Poucas informações estão disponíveis e a situação é desesperadora. Mas você não pode permitir que a indecisão o paralise. Deve agir rapidamente, antes que a situação se agrave. Se a coisa certa a fazer não é óbvia, faça o seguinte:

- **Recorra a seu planejamento e treinamento.** Se você fez um planejamento de contingência, já terá passado pela melhor forma de reagir a um leque de problemas em potencial. E se testou seus planos com simulações e exercícios de treinamento, terá um conjunto de opções viáveis para a ação imediata.

- **Deixe que seus valores o orientem.** Seu senso ético de certo e errado é uma bússola valiosa. Se a paisagem está sombria, escolha a direção com base em seus valores.

- **Ouça seus instintos.** Se algo parece errado, provavelmente está errado. Não o faça.

Procure por conselhos sensatos

Se você deve tomar uma importante decisão rapidamente e com informações insuficientes, não pense que deve agir sozinho; procure o conselho de pessoas de confiança. O ideal é que sua equipe de gestão de crises inclua pessoas leais que pensem com clareza em situações difíceis. Talvez as simulações tenham preparado vocês para trabalhar juntos sob condições estressantes. Se você não tem uma equipe assim, mantenha contato com um amigo ou mentor sensato e confiável — uma pessoa com quem você possa contar para criticar objetivamente suas ideias e dar bons conselhos. Teste suas ideias com estes conselheiros. Eles viveram situações semelhantes. Podem sugerir alternativas de ação que você não chegou a considerar.

Resumo

- Observe as quatro regras para a contenção de crises:

1. **Aja rápida e decisivamente.** Os atrasos só permitirão que a situação fique pior.

2. **Coloque as pessoas em primeiro lugar.** O prédio, o estoque, as linhas de crédito e a reputação da corporação podem ser recuperados; a vida de clientes e funcionários, não.

3. **Coloque pessoal do topo na cena da crise o mais rápido possível.** Isto demonstrará que o problema está sendo levado a sério.

4. **Comunique-se generosamente.** Esta é a melhor maneira de conter boatos e especulações.

- Quando o curso de ação correto não está claro, deixe que seu treinamento, seus valores e seus instintos o guiem.

6

Solução da crise

A estrada para a recuperação

Principais tópicos abordados neste capítulo

- *A importância de agir rápida e decisivamente*
- *O papel das comunicações*
- *Como as técnicas de gestão de projeto podem ajudar na solução de crises*
- *Por que a liderança forte tem importância*

E VOCÊ SEGUIU AS REGRAS de contenção propostas, sua empresa estará em uma situação muito melhor para resolver sua crise. A ação rápida e eficaz na frente de contenção resultará em uma crise menor e mais administrável. O esforço de contenção também garantirá que sejam corretamente identificados o verdadeiro problema e suas dimensões. Caso contrário, a solução da crise travará a batalha errada. Além da fase de contenção, a tarefa da equipe de gestão de crises é se manter acima do problema e não permitir que ele cresça, até que seja resolvido e a situação tenha voltado à normalidade.

Este capítulo apresentará o que a equipe de gestão de crises deve fazer para conseguir uma solução.

Aja com rapidez

O tempo não é seu amigo durante uma crise. Assim como na fase de contenção, o tempo só dá ao problema a oportunidade de se acelerar e criar raiz, tornando-o mais difícil de solucionar. O esforço de contenção é, na melhor das hipóteses, uma ação de resistência. Considere a notícia hipotética a seguir:

Solução da crise

Enquanto a greve na Amalgamated Hat Racks entra em sua terceira semana, parece estar tomando forma um boicote nacional aos produtos da empresa. Jessie Jamison, porta-voz do sindicato grevista, anunciou hoje que seus membros em todo o país estão sendo solicitados a boicotar todos os produtos e lojas da Amalgamated. "Com toda probabilidade", disse Jamison, "faremos piquetes em todas as lojas de varejo da empresa em Toronto, Boston, Los Angeles e Santa Fé na semana que vem."

Uma crise duradoura também pode marcar a consciência do público com uma imagem negativa da empresa. Se o jornal da manhã publica os problemas da empresa dia após dia, semana após semana, o público associará a empresa com problemas e conflitos nos anos à frente. A longa batalha da Microsoft com o Departamento de Justiça dos Estados Unidos sobre se era culpada de práticas de monopólio — e as batalhas subsequentes com vários promotores estaduais — certamente teve este efeito. O público recebeu relatos regulares dos alegados pecados da Microsoft. Mesmo aqueles que mais tarde provaram-se não ter fundamento certamente tiveram um impacto sobre a atitude do público com relação à gigante do software.

O que é igualmente ruim, é que é improvável que sua empresa vá operar no pico de eficiência enquanto a crise continuar. Fornecedores e clientes estarão preocupados. As demissões de funcionários vão aumentar e os esforços de recrutamento serão mais difíceis. Os empregados perderão tempo enquanto se preocupam com seus empregos ou especulam sobre os problemas da empresa. O antídoto a estes efeitos negativos é resolver a crise o mais rápido possível.

Dicas para aliviar o estresse da crise

Se você está em uma equipe de gestão de crises, sentirá muita pressão. O ritmo é acelerado. As apostas são altas — para a empresa, para seus colegas funcionários e para você mesmo. Porque seu controle dos fatos é incompleto, você sabe que é fácil cometer erros. O medo está no ar. As pessoas a sua volta estão nervosas e inquietas, e suas emoções estão prestes a contagiá-lo.

Eis algumas dicas para aliviar o estresse:

- Durma o suficiente.

- Tire um intervalo e faça alguma atividade que vá dissipar a tensão que se forma dentro de você: uma longa caminhada no bosque, um passeio de bicicleta pela praia. Se você toca algum instrumento musical, pratique algumas músicas todo dia.

- Não se fixe no que pode dar errado. Em vez disso, procure pelos riscos objetivamente e depois transfira seu foco para os benefícios de fazer com que as coisas deem certo.

- Evite uma mentalidade de casamata. Passe mais tempo com pessoas "normais" — isto é, pessoas que não estejam no meio de uma crise.

Lembre-se de que é bom ter alguma tensão; ela o manterá concentrado e seu nível de energia ficará alto. Tensão demais, por outro lado, pode paralisar sua capacidade de pensar e agir.

Reúna informações continuamente

As crises são sempre eventos dinâmicos, mutantes por si mesmos ou em resposta à ação de participantes. Você pode começar os esforços de solução com un quadro muito claro dos problemas e das forças dispostas contra você. Este panorama provavelmente mudará em resposta a quaisquer medidas que você tome ou deixe de tomar. Além disso, novas informações se tornarão disponíveis durante cada dia da crise.

O remédio para os dois problemas — informações incompletas e uma situação que se altera — é reunir e processar continuamente dados sobre a crise à medida que você tenta resolvê-la. Faça com que a pergunta "O que os novos elementos nos ensinaram hoje?" esteja nas reuniões diárias da equipe de crises. Adote um modelo de ação e reação em que você esteja continuamente adaptando-se às novas informações. Fazer o contrário — isto é, sustentar um plano baseado nos dados iniciais — só pode garantir o fracasso.

Comunique-se sempre

A comunicação é uma das ferramentas mais essenciais da equipe de crises. Contar a história da empresa dá informações importantes a interessados essenciais, inclusive clientes, fornecedores, acionistas e funcionários. A comunicação também é um meio de suprimir os boatos e coordenar as muitas atividades necessárias para resolver a crise. Por exemplo, depois de um incêndio ou temporal, os funcionários devem ser informados de quando e onde trabalhar e o que eles devem fazer. Se o sistema de informação estiver fora do ar, alguém deve notificar os credores de que os pagamentos podem atrasar. E se piquetes estão impedindo que a unidade de produção atenda aos pedidos dos clientes, estes devem saber de você. Se repórteres estão batendo à porta, você deve ter uma estratégia para transmitir a sua versão da história e fazer com que ela repercuta positivamente.

102 Gerenciando a crise

Dicas para a comunicação durante uma crise

- Seja franco.

- Apresente os fatos.

- Seja honesto com relação ao que você sabe e ao que não sabe.

- Estruture uma linha telefônica direta para o controle de boatos.

- Grave uma mensagem de voz no telefone de informações da empresa todo dia com os mais recentes fatos.

- Não especule.

Observação: O tema da comunicação — em particular com a mídia — é tão importante que é tratado separadamente no Capítulo 7.

Se você criou um plano de comunicação como parte do planejamento de contingência normal, conforme recomendado, estará pronto para a maioria das eventualidades neste aspecto. Caso contrário, os membros adequados da equipe de gestão de crises devem desenvolver um plano rapidamente.

Documente suas ações

Documente suas fontes de informação, bem como suas decisões, intenções e ações em todo o curso da solução de uma crise. Você pode questionar o valor deste conselho, afinal, quantos generais pedem a seus subordinados para fazerem a crônica de suas campanhas à medida que acontecem? Quem tem tempo quando há tanta coisa acontecendo por perto?

Na realidade, as organizações militares fazem a crônica das decisões e medidas que tomam. Desta forma consegue-se um registro, a partir do qual podem ser obtidas lições pós-ação. No início da Segunda Guerra Mundial, por exemplo, a marinha norte-americana solicitou ao historiador Samuel Eliot Morison, um oficial da reserva de alta patente, para registrar a guerra no mar do começo ao fim. Morison, por sua vez, recrutou uma equipe de pesquisadores para ajudar no projeto. Seu esforço coletivo produziu uma obra de 15 volumes, da qual as gerações seguintes de estudantes, estrategistas e táticos da marinha extraíram importantes lições.

Documentar sua situação e suas ações terá um valor semelhante depois de uma crise, quando a equipe de crises e outras pessoas procuram aprender o que deu certo, o que saiu errado e como podem melhorar no futuro. A documentação também será útil em quaisquer ações judiciais subsequentes.

Use as técnicas de gestão de projetos quando for adequado

As dificuldades que você enfrenta na solução de uma crise podem ser qualitativamente semelhantes aos desafios com os quais você lida em outras áreas de seu negócio. Por exemplo, lançar um novo produto em um novo mercado, reorganizar uma unidade operacional e criar uma atividade de comércio eletrônico. Estes desafios são sempre tratados por equipes de projeto formais. As crises e os projetos compartilham várias características importantes:

- São atividades que fogem da rotina e raras vezes se repetem.

- Exigem as habilidades e a experiência de pessoas de muitas funções diferentes.

- Não são programadas para continuar indefinidamente, mas para que sejam resolvidas em uma data do futuro.

- Os participantes voltam a seus deveres regulares depois que a tarefa é concluída.

Estas características sugerem que as equipes de crises devem se organizar e atacar os problemas como as equipes de projeto já fazem com um sucesso considerável. Isto significa reunir as experiências, autoridade e habilidades necessárias para obter o controle da situação. Contudo, há algumas diferenças notáveis. As equipes de crises, ao contrário das de projeto, nem sempre têm o luxo de dispor de tempo para planejar seu trabalho. As equipes formadas em torno de ameaças específicas identificadas pela auditoria de risco (por exemplo, incêndio, inundação ou pane do sistema de TI) têm planos de contingência, e muitas usaram simulações para treinar. Mas até a estas equipes falta um certo conhecimento do que deve ser feito, porque as crises com frequência evoluem de formas imprevisíveis. Todavia, há semelhanças suficientes para estimular os gerentes de crises a usarem uma página do livro do gerente de projeto.

A gestão de projeto tem quatro fases essenciais: definição e organização, planejamento, gestão da execução e encerramento do projeto. Vamos considerar como os gerentes de crises podem adaptar estes passos a seus próprios desafios.

Definição e organização

As tarefas envolvidas na primeira fase são definir claramente os objetivos do projeto e organizar as pessoas e os recursos certos em torno deles. Quer os gerentes de crises estejam enfrentando um recall de produto ou as consequências de um incêndio desastroso, eles podem fazer o mesmo, perguntando: "Qual é — exatamente — o problema? O que devemos fazer para resolvê-lo? Quem devemos chamar para nos ajudar? De que recursos vamos precisar para resolver o problema e fazer com que a situação volte ao normal?"

Se você definir a crise corretamente e organizar o grupo certo de pessoas e recursos em torno dela, terá feito um excelente começo.

Planejamento

O planejamento começa com o objetivo e funciona de trás para a frente em quatro passos sucessivos:

1. Identificar cada uma das muitas tarefas que devem ser realizadas.

2. Identificar os indivíduos ou grupos melhor qualificados para realizar cada tarefa.

3. Estimar o tempo necessário para completar cada tarefa.

4. Programar todas as tarefas na ordem correta.

Se os danos por incêndio em seu prédio forem a origem da crise, seu objetivo pode ser triplo: garantir espaço de trabalho temporário para deslocar os funcionários quando necessário; restaurar o espaço danificado à ordem funcional; e comunicar-se regularmente com o pessoal afetado. Abordados a partir da perspectiva da gestão de projetos, cada um destes objetivos seria então dividido em um conjunto necessário de tarefas e subtarefas. Por exemplo, para restaurar o espaço danificado, você pode identificar as seguintes incumbências e estimar o tempo necessário para concluí-las:

- Obter uma avaliação completa dos danos por incêndio e preparar uma lista de reparos necessários (14 dias).

- Negociar com uma empreiteira e contratá-la para fazer os reparos (14 dias).

- Trabalhar com um fornecedor de móveis e vendedor de tecnologia para preencher novamente o espaço consertado (13 dias).

- Supervisionar o trabalho de reconstrução da empreiteira (18 dias).

- Comunicar-se com os funcionários sobre o progresso da restauração do prédio (continuamente).

Algumas destas tarefas devem ser atacadas em sequência; por exemplo, você não pode negociar com uma empreiteira antes que os danos tenham sido avaliados. Outras tarefas podem ser abordadas paralelamente, no entanto, você pode estar trabalhando com um fornecedor de móveis enquanto os reparos estão sendo feitos.

O processo de planejamento também deve atribuir a responsabilidade por cada tarefa a determinadas pessoas. Imputar a responsabilidade individual é sua melhor garantia de que as tarefas serão executadas e bem-feitas. Se ninguém em particular é responsável por uma tarefa, provavelmente ela não será realizada a tempo ou você ficará insatisfeito.

Gerenciar a execução

A fase de gerenciar a execução requer todas as tarefas tradicionais de gerenciamento eficaz, bem como monitoramento e controle cuidadosos. Juntos, estes elementos garantem a adesão ao plano, aos padrões e ao orçamento. O orçamento raramente é um problema durante uma crise. Em geral a empresa sai perdendo tanto financeiramente que o custo dos esforços para conter as perdas e devolver as coisas aos trilhos é comparativamente pequeno. O monitoramento e o controle, porém, ainda são fundamentais. Sempre faça estas perguntas:

- Todas as tarefas planejadas estão em andamento?

- Todas as tarefas são executadas de acordo com o programa ou encontraram obstáculos?

- As mensagens da empresa aos funcionários, à mídia e a outros interessados são precisas e coerentes?

Os líderes de projeto passam a maior parte do tempo coordenando os esforços de suas equipes. Os líderes de equipes de crises fazem a mesma coisa. Eles precisam que todos trabalhem juntos e com um alto nível de energia para contornar a situação.

Só um lembrete: as ferramentas de gestão de projeto não são adequadas para resolver qualquer tipo de crise. Uma crise financeira que se aprofunda é uma coisa; um caso de fraude ou desfalque é outra. Porém, quando um evento prejudicial acontece e termina rapidamente — como um incêndio, uma nevasca paralisante ou um recall de produto — as ferramentas de gestão de projeto podem ajudá-lo a escolher as peças e devolver as operações à normalidade de uma forma organizada.

Encerramento do projeto

Uma característica comum de projetos e crises é que eles um dia acabam. O fim de um projeto é o ponto em que seus objetivos são alcançados. A nova linha de produtos é lançada. O novo web site de comércio eletrônico está pronto e opera com sucesso. A mudança da empresa para a nova sede está concluída, e o ritmo dos negócios voltou ao normal. Um projeto termina quando seus objetivos são cumpridos, mas isso só acontece depois de amarradas as pontas soltas e após a reflexão sobre as lições aprendidas com o projeto.

A gestão de crise, da mesma forma, tem um término, a fase de amarrar as pontas, e uma das principais tarefas nesta fase é examinar a experiência passada e aprender suas lições: o que deu certo? O que deu errado? Como mudaríamos nossa abordagem se e quando outra crise semelhante atingir a empresa? A questão da aprendizagem será detalhada posteriormente. Lembramos aqui que a equipe de crises deve:

- Declarar um término oficial para a crise — mas não prematuramente.

- Documentar tudo de importante que tenha acontecido.

- Fazer com que os integrantes participem de um *post-mortem*, que é sua melhor garantia de que a organização aprenderá com esta experiência.

Não faça o jogo da culpa

No calor de uma crise, quando as pessoas tentam determinar o que deu errado, o impulso de culpar alguém torna-se quase irresistível. Certamente a incompetência de um membro de equipe ou um erro grave podem ter causado a crise. Na ruína da Enron, por exemplo, os dedos apontaram para o diretor financeiro Andrew Fastow e para o presidente do conselho e CEO Kenneth Lay. Apontar os dedos, porém, nada ajuda a resgatar a empresa, salvar os empregos de milhares de funcionários honestos e competentes, ou o patrimônio dos acionistas. A energia gasta na procura de um vilão ou um bode expiatório é contraproducente. Ela reduz o moral e sufoca a criatividade e o comprometimento de que você precisa para resolver o problema. Assim, em vez de fazer o jogo da culpa, crie um clima em que as pessoas procurem pelo que precisa ser feito, e não a quem culpar. Haverá muito tempo depois para lidar com a culpa.

Seja um líder

Durante períodos de crise, as pessoas procuram por um líder forte. Elas não se voltam para comissões ou equipes tanto quanto para um líder confiante e visivelmente envolvido para passar pelos reveses. Por esse motivo é que os comandantes militares misturam-se com suas tropas nas linhas de frente das batalhas. É por isso que Winston Churchill era visto com tanta frequência nas ruas de Londres durante as apavorantes semanas da blitz alemã. É por isso também que Lee Iacocca, durante a campanha na década de 1980 para salvar a Chrysler Corporation da extinção, tornou-se um nome conhecido na América do Norte. Iacocca parecia estar em toda parte enquanto lutava para assegurar as garantias governamentais para os empréstimos de que a Chrysler precisava para se reconstruir. Parecia que para onde quer que você se voltasse — dos noticiários da noite à *Business Week* e a uma série de anúncios na TV — lá estava Iacocca dizendo às pessoas por que uma Chrysler Corporation renovada era boa para

Solução da crise

os empregos, a economia e a competitividade norte-americana. Líderes como Iacocca, que demonstram força, compromisso e confiança, contagiam os outros com as mesmas qualidades.

A importância da visibilidade do líder não é exagerada. Em seu estudo da tragédia de 11 de setembro na cidade de Nova York, Paul Argenti descobriu que os mais eficazes gerentes de crises exibem altos níveis de visibilidade.

Eles entendem que uma parte central de seu trabalho é política e que seus funcionários são, num sentido muito real, seus eleitores. Em períodos de convulsão, os trabalhadores querem provas concretas de que a alta gerência vê suas dificuldades como uma das principais preocupações da empresa. Declarações por escrito têm seu lugar, mas as declarações verbais e o som de uma voz humana enfática transmitem sinceridade. E se a voz pertence a um líder, o ouvinte tem razão em pensar que todo o peso da empresa está ali apoiando-o, quaisquer que sejam as promessas e garantias feitas.[1]

Talvez nenhum líder contemporâneo tenha demonstrado com mais eficácia o nível de visibilidade defendido por Argenti do que o ex-prefeito de Nova York, Rudolph Giuliani. Ele apareceu na cena dos ataques de 11 de setembro em minutos, onde assumiu o controle das operações de resgate. Depois que as Torres Gêmeas caíram, ele continuou presente. O homem parecia estar em toda parte: em coletivas com a imprensa, em uma série de enterros, no centro de comando da crise, em entrevistas telefônicas, falando com as pessoas na rua. Como coloca Argenti, "a visibilidade [de Giuliani], combinada com uma capacidade de decisão, franqueza e compaixão, elevou o espírito de todos os nova-iorquinos — na verdade, de todos os norte-americanos".[2]

Se este é o seu quinhão durante uma crise, faça bem a sua parte. Seja você o CEO de uma grande corporação ou um supervisor de departamento, descubra o mais rapidamente possível qual é o problema. Peneire os boatos, os falatórios e as informações irrelevantes até descobrir a verdade. Você pode fazer isso perguntando às pessoas certas, ouvindo as vozes mais confiáveis e indo aos lugares corretos. E depois que souber a verdade, reaja:

- Sendo visível — demonstrando que alguém está no comando e trabalha para que as coisas melhorem.

- Enfrentando a crise — transformando o medo em ação positiva.

- Sendo vigilante — observando os novos acontecimentos e reconhecendo a importância de novas informações.

- Mantendo um foco nas prioridades da empresa — garantindo primeiro a segurança das pessoas e depois voltando-se para as necessidades mais críticas.

- Avaliando e reagindo ao que está em seu controle — e ignorando o que não está.

- Quebrando as regras, quando necessário — orçamentos e políticas mal são cumpridos quando se tem a crise em mente.

Quando o problema é a liderança

A liderança é o problema, em alguns casos. Foi o que aconteceu em 1999 quando uma investigação revelou que o Comitê Olímpico de Salt Lake (COSL) estava envolvido em uma rede de corrupção. Seus membros supostamente deram a treze membros do Comitê Olímpico Internacional (COI) bolsas de estudo, dinheiro e vários presentes em troca de seus votos para que Salt Lake City, em Utah, fosse sede dos Jogos Olímpicos de Inverno de 2002. Dos treze, quatro se demitiram do COI, cinco foram suspensos e um recebeu uma advertência. Os outros dois membros do grupo de Salt Lake City, o presidente/CEO e o vice-presidente, também se demitiram. O escândalo do COSL se abateu sobre o mundo do esporte olímpico e ameaçou os Jogos Olímpicos de Inverno de 2002. Foi a crise mais grave enfrentada por qualquer evento olímpico moderno.

Com sua liderança banida e sua reputação profundamente maculada, levantar a quantia de US$ 1,4 bilhão de fundos privados, necessária para

Solução da crise

sediar os jogos, seria extremamente difícil. Sabiamente, o governador de Utah nomeou uma pessoa de fora — um executivo de Boston, Mitt Romney — para assumir a liderança e reverter a sorte do COSL. Romney era uma cara nova e não estava ligado aos problemas associados com seus predecessores. Ele também era um capitalista de risco bem-sucedido e um consultor de empresas com experiência na recuperação de empresas com problemas. Melhor ainda, tinha exatamente o que faltava ao COSL: uma reputação de eficácia e elevados padrões éticos. Esta reputação foi fundamental para atrair o financiamento privado e voluntários necessários para fazer dos Jogos Olímpicos de Inverno de 2002 um sucesso.

O sucesso de Romney para tirar o COSL de uma crise e encenar dez dias bem-sucedidos e memoráveis de eventos esportivos de inverno é um lembrete claro da importância da liderança eficaz e respeitada durante uma crise. Se uma organização com problemas carece desse tipo de liderança, ela deve demitir seus atuais líderes e conseguiu outros.

E não se esqueça de fazer com que as pessoas trabalhem juntas. Um líder tem o poder de reunir as pessoas e fazer com que ajam como uma equipe. O próprio fato de que eles estão fazendo alguma coisa útil ajudará a aliviar a tensão, reduzir o medo e resolver a crise. Veja este exemplo:

Um comerciante varejista por catálogo ofereceu um grande número de produtos customizados — bolsas, suéteres monogramados e outros — em seu catálogo de Natal. Mas ele subestimou totalmente a reação. A partir do momento em que o catálogo foi lançado em outubro, as linhas telefônicas da empresa foram inundadas de pedidos. A empresa se viu em uma crise incomum: estava soterrada por uma montanha de pedidos que tinha de processar e enviar a tempo para as festas de fim de ano. Ela contratou trabalhadores temporários para ajudar com a árdua tarefa de customizar e despachar, mas não havia temporários confiáveis o bastante para lidar com as encomendas.

O diretor de distribuição reconheceu que, se não despachassem todo o material a tempo para o Natal, poderia não haver uma próxima vez. Assim, o CEO apelou por ajuda. Recrutou gerentes e assessores para trabalhar nos turnos da noite no depósito — depois de eles terem feito seu trabalho no horário normal. Foi difícil para muitos, em especial para aqueles que tinham filhos. Mas o CEO fez um trabalho tão bom ao explicar os detalhes e a gravidade da situação, e como a contribuição deles ajudaria a resolver tudo, que a maioria se apresentou voluntariamente para dois ou três turnos noturnos por semana.

Todos — do CEO para baixo — trabalharam juntos por seis longas e extenuantes semanas. E seu esforço extraordinário de equipe cumpriu a tarefa. A empresa desfrutou de um crescimento surpreendente de 80% em vendas naquele ano. O que podia ter sido uma crise e um fracasso foi revertido pelo trabalho em equipe. E a liderança tornou isto possível.

Devolver as pessoas a sua rotina pode ser uma das contribuições mais importantes de um líder. Voltar ao trabalho tem muitas vantagens terapêuticas. Alivia a ansiedade que os funcionários sentem quando nada têm a fazer a não ser ficar sentados, esperar e imaginar. Elimina as oportunidades de especulação ociosa, fofocas e boatos. (Lembre-se, cabeça vazia é a oficina do diabo.) Mais importante, dá às pessoas uma sensação real de que elas fazem parte da solução e que estão ajudando.

Declare o fim da crise

A certa altura, a crise deve chegar ao fim. Mas em que momento declarar que ela acabou? Para a falida e combalida Polaroid Corporation, a inovadora da fotografia instantânea, sua crise terminou em julho de 2002, quando uma afiliada da One Equity Partners adquiriu os ativos da empresa. O fim de outras crises de negócios é menos claro. Por exemplo, a Malden Mills, uma têxtil de propriedade familiar de Polartec, declarou falência em novembro de 2001 depois de anos de luta contra a concorrência estrangeira. O proprietário, Aaron Feuerstein, conseguiu adiar o fim de sua empresa no final de 2003 fazendo um arranjo financeiro com uma empresa da construção civil. Em troca de uma infusão considerável de dinheiro na empresa, a firma de construção civil poderia

Solução da crise

construir 600 unidades de casas para aluguel em terras da Malden Mills. Ela também dividiria a propriedade da empresa com Feuerstein. Mas a crise não tinha acabado inteiramente. Feuerstein teria de encontrar mais de US$ 100 milhões para pagar os juros da empreiteira e conseguir seu negócio de volta. A primeira fase da crise da Malden Mills tinha acabado, mas começara uma segunda etapa.

Quando você pode dizer que uma crise terminou? Procure por estes sinais:

- Os funcionários voltaram a sua rotina.

- Os clientes e fornecedores têm a confiança de que precisam para fazer negócios com sua empresa.

- O telefone toca e não são repórteres.

- As vendas, ganhos e outras medidas de desempenho da empresa voltaram aos trilhos.

Estes são sinais de que a crise acabou e de que a gerência pode redirecionar sua atenção para suas principais responsabilidades: o crescimento e os lucros.

Resumo

- O tempo não é seu amigo durante uma crise. A cada dia que uma crise continua, cria uma imagem negativa para a empresa e dá oportunidades para que essa imagem se dissemine. Assim, depois de conter a crise, passe rápida e decisivamente para sua solução.

- As informações sobre a crise mudarão à medida que ela for resolvida. Deste modo, continue a reunir dados. Isto manterá um quadro claro da situação diante da equipe de crise.

- A comunicação incessante fornecerá informações a interessados-chave e eliminará boatos e especulações.

- Documente a crise e sua solução conforme você avançar; isto possibilitará avaliar posteriormente o desempenho da equipe de crise e aprender com a experiência.

- Muitas crises podem ser resolvidas usando técnicas de gestão de projeto, que incluem definir o objetivo, planejar, gerenciar a execução e encerrar o projeto.

- As pessoas procuram por líderes que tenham força, confiança e estejam presentes durante períodos de crise.

Como dominar os meios de comunicação

Emplaque a sua história

Principais tópicos abordados neste capítulo

- *Sugestões para lidar com a imprensa e a mídia eletrônica*
- *O princípio da segmentação da audiência*
- *Usando a segmentação para criar uma estratégia sistemática de comunicação*
- *Perguntas mais frequentes sobre comunicações numa crise*

A COMUNICAÇÃO É UMA ferramenta importante para todo profissional que lida com adversidades e em cada fase ativa da gestão de crises: planejamento de contingência, contenção e solução. Sua importância como instrumento de controle e coordenação foi enfatizada em capítulos anteriores. A comunicação pela mídia — jornais, televisão e rádio — também deve ser usada para contextualizar com exatidão a crise na mente do público. Deixe de lidar de forma adequada com a mídia e sua versão da história nunca será ouvida. Pior, a reputação de sua empresa pode ser publicamente atacada por um repórter ou editor de noticiário hostil e mal-informado.

Este capítulo dá sugestões para tornar seu contato com a mídia mais eficaz e obter mais colaboração.

Lide cuidadosamente com a mídia

Dedique bastante atenção a como você se comunica com o público através da mídia. Suas mensagens devem ser precisas e francas. Elas também devem representar seu ponto de vista e incluir fatos que o apoiem. Se você transmitir sua mensagem logo e com certa frequência, há uma boa probabilidade de que va conseguir contextualizar a história na mente do público. O que queremos dize com "contextualizar"? Considere o exemplo hipotético de uma explosão numa

Como dominar os meios de comunicação   117

indústria química. Baseando-se em todas as informações disponíveis, a gerência concluiu o seguinte:

A causa da explosão foi um defeito numa válvula de pressão. Esta válvula, como todas as outras da fábrica, era inspecionada regularmente. Os registros indicam que a inspeção mais recente da válvula defeituosa não revelou problemas. Além disso, o vazamento químico resultante da explosão foi contido pelas salvaguardas da fábrica. O público não correu risco. Este foi o primeiro vazamento em 22 anos de história da fábrica.

Se a empresa transmitisse esta história rapidamente, a maior parte do público contextualizaria a situação nos termos que acabamos de ver. Se a empresa não conseguisse divulgar esta informação, porém, a mídia poderia distorcer a história de muitas formas diferentes. Considere um possível relato de jornal sobre o mesmo episódio:

Uma explosão na fábrica de Manchester da Acme Chemicals ontem à noite liberou uma quantidade desconhecida de substâncias tóxicas. O incidente é um em uma série de infelicidades que se abateram sobre fábricas químicas do Reino Unido — a mais recente, o acidente de 12 de março em Liverpool, que matou um funcionário e obrigou centenas de pessoas a deixarem suas casas durante a madrugada.

Seiscentas pessoas moram nos arredores da fábrica da Acme. Nigel Bentley é uma delas. "É bem apavorante, não?", disse o Sr. Bentley a nosso repórter. "É impossível dizer o que está acontecendo aqui. Podemos ter outro desastre de Bhopal bem aqui em Manchester." (O desastre de 1984 em Bhopal, na Índia, matou mais de setecentas pessoas e feriu outras milhares.)

A preocupação do Sr. Bentley levanta uma questão mais importante: que segurança fábricas como a Acme oferecem aos britânicos?

Observe como o relato do jornal contextualiza a história em termos de uma preocupação maior com a segurança do setor químico dentro do Reino Unido, citando um acidente letal na fábrica de outra empresa. E, sem nenhuma referência ao risco real da fábrica da Acme, ele usa o comentário de um vizinho desinformado e uma menção à catástrofe de Bhopal para injetar um elemento de risco iminente. Esta contextualização da história é muito diferente daquela declarada pelos gerentes da empresa. Não por acaso é a mais provável de vender jornais.

A contextualização da questão feita pelos jornais será aquela que vai se fixar na mente do público se a gerência demorar a comunicar sua versão da história. Se isso acontecer, a Acme terá de mudar sua estratégia de comunicação, deixando de contar o fato para refutar o relato dos jornais — uma batalha penosa que provavelmente será perdida.

Ofereça-lhes os fatos

Os repórteres não são ogros nem mentirosos. Eles simplesmente estão interessados em conseguir uma história — uma história, espera-se, que lhes dê a primeira página. Assim, se você demorar a dar uma declaração ou disser "Sem comentários", ou "Estamos avaliando a situação" às perguntas dos repórteres, os obrigará a contar o fato da melhor maneira que puderem sem a sua ajuda. E você pode não gostar do que vai ler ou assistir na televisão no dia seguinte. O consultor de crises e escritor Steven Fink coloca desta forma: "Não importa o alto nível de sua equipe de gestão de crises, não importa se o plano de gestão de crise é completo, se você não conseguiu comunicar sua mensagem durante uma crise, você fracassou."[1]

Uma forma de contar a história como quer que ela seja divulgada é (1) prever as perguntas que os repórteres provavelmente vão fazer e (2) organizar uma lista de cinco perguntas indesejáveis e depois se preparar para respondê-las. Esteja pronto para todos os tipos de perguntas. Ao prever a questões da mídia, você pode formar e articular respostas claras e completa que apresentem sua versão da história. Com isso, vai conseguir duas coisas Primeira, demonstrará que nada tem a esconder; segunda, dará aos repre

Como dominar os meios de comunicação   119

sentantes da mídia os fatos e o material de apoio de que eles precisam para desenvolver uma história respeitável e exata — e que espelhe a sua. Considere o seguinte exemplo:

A Johnstone Machine Works anunciou seu plano de fechar uma fábrica de trezentos funcionários na pequena cidade de Farmvale e consolidar suas operações em uma fábrica mais nova e maior em uma cidade a várias centenas de quilômetros de distância. Ela convidou a mídia local a uma coletiva. Sensatamente, o porta-voz da Johnstone e vários outros gerentes previram e desenvolveram respostas sucintas mas completas às perguntas que mais provavelmente seriam feitas.

Pergunta: *É verdade que vocês vão fechar sua fábrica em Farmvale?*

Resposta errada: *Sim, esperamos fechar em maio próximo.*

Resposta certa: *A concorrência de países com baixos salários requer que operemos com a maior eficiência possível. Como consequência, e lamentavelmente, vamos fechar a fábrica de Farmvale em maio. Muitas de suas funções serão transferidas para uma fábrica maior e mais eficiente em Wuthering Heights. Estamos oferecendo opções de aposentadoria precoce a vários trabalhadores, e daremos a outros preferência contratual nos novos empregos que estamos criando em Wuthering Heights.*

Pergunta: *Como maior empregador de Farmvale, você não acha que sua atitude vai transformar a comunidade numa cidade-fantasma?*

Resposta errada: *Não pensamos nisso. Não é problema nosso.*

Resposta certa: *Como membro da comunidade de Farmvale por mais de trinta anos, reconhecemos o impacto de nossa decisão sobre a cidade e seus moradores. Mas Farmvale tem uma economia diversificada e aos poucos se adaptará a nossa partida. Estaremos fazendo duas coisas para facilitar a adaptação. Primeira, todo o pessoal demitido terá treinamento para aumentar sua possibilidade de emprego na comunidade; segunda, estamos procurando por um comprador para a fábrica de Farmvale — um fabricante que dará futuros empregos de altos salários no mesmo local.*

120   Gerenciando a crise

Pergunta: Mas nesse meio-tempo, sua decisão não abrirá um grande vazio na economia local?

Resposta errada: Não pensamos nisso.

Resposta certa: Segundo nossos cálculos, o impacto será bem menor. Eis por quê: os trabalhadores mais antigos, que terão aposentadoria precoce, poderão receber imediatamente os benefícios da aposentadoria em lugar de seu pagamento — e seus planos de saúde parmanecerão. A empresa continuará a pagar os impostos prediais a Farmvale enquanto formos proprietários da fábrica. E embora as operações regulares cessem em maio, muitos funcionários ficarão na folha de pagamento por seis meses ou mais para lidar com as operações de fechamento.

Observe neste exemplo como cada pergunta podia ser prevista. Note também como o porta-voz da empresa usou cada pergunta como oportunidade de contar a história da Johnstone e compartilhar informações factuais com o público. O porta-voz ainda forneceu ao inquiridor bastante informação para desenvolver o cerne de sua matéria. Na ausência destes dados, um repórter teria de desenvolver a história através de entrevistas com outras pessoas da comunidade, que podiam estar mal-informadas sobre a realidade, como neste exemplo:

Repórter do noticiário da TV local: *Eu sou Casper Jones, falando hoje de Farmvale, onde a Johnstone Machine Works, a maior empregadora da comunidade, acaba de anunciar o encerramento das atividades de sua fábrica. Este fechamento provavelmente deixará centenas de funcionários desempregados e deverá arrasar a economia local. Para nos contar sua opinião sobre o fechamento da fábrica, aqui está o Sr. Harley Bumpus, dono de uma loja de produtos esportivos no centro de Farmvale. Sr. Bumpus, que impacto o fechamento da fábrica da Johnstone terá sobre seus negócios e no resto da cidade?*

Sr. Bumpus: Isso vai tirar muitos de nós dos negócios. A qualquer momento em que coloca trezentas pessoas fora do trabalho numa cidade deste tamanho, você cria grandes problemas. Quem terá dinheiro para comprar em minha loja ou

Como dominar os meios de comunicação

comer nos restaurantes locais — ou pagar seus impostos? E com a economia de fabricação de manufaturas sendo o que é, não vejo outra empresa vindo para cá para oferecer empregos.

Repórter: *Então parece que será um golpe enorme para a comunidade rural?*

Sr. Bumpus: *Você tem toda razão.*

Repórter: *Bem, é assim que as coisas estão por aqui. Eu sou Casper Jones, em Farmvale. Voltamos a nosso âncora em Dubuque.*

Use o porta-voz certo

Quem deve ser o porta-voz? Em muitos casos deve ser o líder identificável, em geral o CEO. Quando a crise envolve questões altamente técnicas sobre as quais o CEO não é uma autoridade crível, considere uma abordagem de equipe para falar com a mídia. Neste tipo de abordagem, o CEO fornece o contexto e uma visão geral da situação. Ele depois pedirá a subordinados com conhecimento técnico para dar os detalhes — em termos não técnicos, espera-se. Qualquer um que tenha observado os relatos da imprensa diária sobre as forças de coalizão durante a guerra no Iraque, em 2003, pode se lembrar de como o general Tommy Franks, do Exército dos Estados Unidos, o comandante supremo, começava cada sessão com uma visão geral estratégica e alguns destaques importantes. Franks depois pedia a um de seus subordinados diretos para detalhar o progresso da guerra em vários setores. Por exemplo, o comandante da Força Aérea descreveria os bombardeios da noite anterior à infraestrutura de comando e controle do Iraque, um general britânico relataria as experiências de suas forças em áreas atribuídas a eles, e assim por diante. Esta abordagem de equipe dá maior credibilidade e coerência à apresentação.

Dicas para lidar com a mídia

Lembre-se de que as boas relações com a mídia começam antes da ocorrência de uma crise.

Uma das melhores maneiras de garantir uma recepção justa por parte de jornais e emissoras de TV e de rádio é tratar seus membros sempre de uma forma respeitosa e profissional. Se sua empresa é como a maioria, ela tem muitas oportunidades de interagir com a mídia, em particular a mídia impressa, em tempos sem crise: quando são anunciados ganhos, promoções executivas e novos produtos; quando a empresa procura por uma discrepância do conselho de planejamento local; e assim por diante. Use estas oportunidades para estabelecer bons relacionamentos com os jornalistas e conquistar sua confiança. Fale com eles pessoalmente. Quando procurarem por uma história, ajude-os o quanto puder. Faça isso e será menos provável que depreciem a empresa quando ela enfrentar problemas. Aqui estão mais algumas dicas:

- Esteja preparado para lidar com a tempestade de telefonemas quando a notícia da crise ou o evento vazar.

- Seja acessível. Você fortalecerá suas relações com a mídia se reconhecer e responder ao fato de que eles sofrem pressões reais de tempo. Assim, atenda aos telefonemas que puder. Você estará fazendo um favor aos repórteres, e um favor pode ser retribuído na maneira como contarão a sua história.

- Facilite o trabalho dos repórteres. Repórteres estão sob pressão para conseguir uma história e transformá-la em matéria que possa ser impressa naquele dia. Assim, dê a eles os fatos, delineie a história para eles. Faça isso e haverá uma boa chance de que a matéria que escreverem seja de seu agrado.

Combine meio e mensagem em diferentes segmentos

As coletivas descritas no exemplo da Johnstone são uma forma prática de oferecer um conjunto de mensagens a um público amplo, que neste e em muitos outros casos inclui o que se segue:

- Líderes comunitários.

- Funcionários.

- Clientes e fornecedores.

- Acionistas.

- O público em geral.

Como alternativa, considere comprar espaço publicitário na mídia impressa para explicar sua versão da história. As corporações fazem isso rotineiramente quando querem que os acionistas votem de uma certa maneira em uma batalha de tomada de controle ou quando simplesmente desejam se comunicar com o público. Mas não dependa de grandes pronunciamentos para transmitir sua história. As coletivas, o espaço publicitário comprado e os comunicados à imprensa são úteis, mas não podem favorecer os detalhes que interessam a segmentos específicos do público. A melhor maneira de comunicar estes detalhes é usar uma estratégia que molde suas mensagens a segmentos distintos e as divulgue pela mídia mais adequada.

Os informativos à imprensa são comuns na gestão da crise e em outras formas de comunicação. As grandes empresas dependem de pessoal de relações públicas para redigir seus comunicados à mídia, mas os proprietários e gerentes de empresas menores costumam ter de lidar eles mesmos com estas tarefas. O Apêndice B fornece um modelo básico de redação de comunicados à imprensa.

124 Gerenciando a crise

Segmente seu público

A segmentação do público é a base de uma estratégia eficaz de comunicação. O departamento de marketing de sua empresa não depende de mensagens ostensivas para promover a atenção e o interesse em seus produtos, não é? Certamente não. Em vez disso, ele identifica segmentos-chave de mercado e as preocupações únicas de cada segmento, e depois se expressa de maneira adequada, usando o meio que mais provavelmente criará impacto. Você deve adotar uma prática de segmentação semelhante quando se comunicar durante uma crise.

Assim, como primeiro passo, divida seu público por interesses. Por exemplo, no caso da Johnstone/Farmvale, os funcionários estarão mais interessados nos detalhes do fechamento da fábrica que sejam pertinentes exclusivamente a eles: o plano de aposentadoria precoce da empresa, planos para o pagamento de indenizações, preparação para um novo emprego, oportunidades de trabalhar na nova fábrica e assim por diante. Eles provavelmente estarão muito menos interessados nos pormenores do impacto que o fechamento da fábrica terá na base de impostos de Farmvale. Já as autoridades municipais vão querer saber tudo sobre a questão da base fiscal e os planos da empresa para encontrar um comprador para sua unidade de fabricação, e menos sobre outras questões. Os acionistas e fornecedores terão apetite para informações específicas de seu interesse, por exemplo, como o fechamento da fábrica e a mudança terão impacto sobre os ganhos naquele ano.

Depois de identificar seu público, você terá uma ideia melhor das mensagens que precisa desenvolver e transmitir a cada segmento. Precisará, na verdade, criar diferentes mensagens para diferentes públicos. Assim, certifique-se de que estas mensagens sejam coerentes e não se contradigam.

Como dominar os meios de comunicação   125

Escolha a mídia mais adequada

O segundo passo na elaboração de uma estratégia de comunicação é escolher a melhor mídia para transmitir sua mensagem aos segmentos escolhidos. Se você quisesse entrar em contato com 5 mil usuários cadastrados sobre uma falha no novo software de sua empresa, você colocaria uma notícia no *New York Times* ou daria uma coletiva? É claro que não. Você mandaria uma carta ou e-mail a cada usuário, desculpando-se pelo problema e explicando como pretende corrigi-lo. Como comunicador de uma crise, você também deve combinar a mídia com o público. Faça isso perguntando primeiro o que se segue:

• Com que segmentos do público devo me comunicar?

• Quais são os melhores meios para chegar a cada segmento?

• Que informações em particular cada segmento mais valoriza?

As respostas a estas perguntas irão ajudá-lo a determinar com quem você deve se comunicar, o que dirá e como poderá alcançar melhor cada segmento de público. A Tabela 7.1 indica como a Johnston Machine Works podia ter dividido seus diferentes públicos e determinado que mensagens e que meios de comunicação seriam mais eficazes. Em geral, desenvolver esta estratégia é tarefa do vice-presidente de comunicações corporativas.

Seja sistemático

A melhor época para desenvolver uma estratégia de comunicação para momentos de crise é *antes* que elas aconteçam — como parte do planejamento de contingência para os muitos fatores que podem dar errado. Dependendo do tipo de negócio que você opera, haveria uma estratégia de comunicação para um recall

TABELA 7.1
Estratégia de comunicação segmentada

Segmento	Mensagens-chave	Mídia	Momento	Porta-voz(es)
Funcionários	• Empregos na nova fábrica • Pacotes de aposentadoria precoce • Programa de retreinamento para o novo emprego	• Reunião da empresa • Carta a cada funcionário	• Antes da coletiva • Acompanhamento frequente	CEO, gerente-geral de fábrica, diretor de RH
Clientes	• Fazer mudanças para melhor servir • As mudanças tornarão a empresa mais forte • Não haverá interrupções de pedidos ou serviços	• Carta a todos os gerentes de compras • Através de representantes de vendas • Revistas do setor	• Junto com a coletiva	Vice-presidente de marketing
Fornecedores	• As mudanças tornarão a empresa mais forte	• Carta pessoal a fornecedores de primeira e segunda linhas • Telefonemas pessoais a fornecedores de primeira linha	• Imediatamente	Gerente de cadeia de suprimentos corporativa
Investidores	• Divulgação detalhada sobre a mudança, por que e como deixará a empresa mais forte	• Carta a acionistas • *Webcast*	• Imediatamente	Diretor financeiro e vice-presidente de relações corporativas com o investidor
Líderes comunitários	• Divulgação completa dos planos e motivos da empresa para a mudança • Atenção especial às preocupações de funcionários e comunidade	• Reunião com líderes comunitários	• Antes da coletiva	CEO, gerente-geral de fábrica, diretor de RH
Órgãos reguladores e governamentais	• Divulgação dos planos e motivos de mudança da empresa	• Carta registrada	• Antes da coletiva	Diretor de operações, consultor jurídico
Público em geral	• Divulgação dos planos e motivos de mudança da empresa	• Anúncio na imprensa	• Depois da primeira declaração aos	CEO, vice-presidente de comunicações corporativas

Como dominar os meios de comunicação

de produto, uma tomada de controle hostil, uma fusão amistosa, um desastre natural ou provocado pelo homem, e assim por diante. Se você desenvolver uma estratégia antes de um problema em potencial, terá tempo para investigar os diferentes canais de mídia.

Perguntas mais frequentes

Lidar com a mídia pode ser uma perspectiva enervante, mas não precisa ser assim. Siga o conselho sobre como lidar bem com a mídia combinando sua mensagem com diferentes segmentos, e você estará em boa forma. E analise as perguntas mais frequentes a seguir; elas certamente atenuarão outras preocupações suas.[2]

Como posso lidar com boatos que estão prejudicando o moral?

Os fatos, a franqueza e o senso de oportunidade são os melhores antídotos contra os boatos. É importante que a gerência seja muito franca e que disponibilize todas as informações aos funcionários e a outros de forma oportuna. Isso pode ser feito pela internet, por telefonemas, mensagens gravadas, memorandos e assim por diante.

Ao administrar uma crise, posso simplesmente não ter tempo para dedicar um grande esforço de comunicação a todos que querem saber o que está acontecendo. Como posso lidar com isso?

Consiga o tempo! As comunicações são absolutamente essenciais para a solução de problemas. E as melhores comunicações de todas são face a face, partindo da pessoa encarregada. A segunda melhor opção é delegar este dever a um diretor confiável da empresa.

Quando o desastre destrói os canais de comunicação

As pessoas no mundo desenvolvido acham que as formas eletrônicas de comunicação são infalíveis. Na verdade, é enorme nossa dependência de aparelhos de fax, e-mail, internet, telefones, rádio e televisão para nos comunicarmos com os outros. Só nos damos conta desta dependência durante uma pane elétrica, ou quando nosso provedor da internet ou os servidores da empresa caem. Estas panes, felizmente, duram apenas minutos, na maioria dos casos.

Os gerentes de crises devem ter em mente que os grandes desastres naturais ou produzidos pelo homem podem arruinar as ligações eletrônicas por dias ou semanas de uma só vez, limitando nossa capacidade de comunicação com os funcionários e o público. Foi exatamente o que aconteceu em Manhattan durante o ataque terrorista de 11 de setembro. O colapso das Torres Gêmeas em Nova York destruiu centenas de milhares de linhas telefônicas fixas, milhões de circuitos de dados e sistemas essenciais de telefonia móvel. Toda a correspondência terrestre foi interrompida. A possibilidade de uma interrupção semelhante em sua área deve estimulá-lo a elaborar um plano de retaguarda usando canais não tradicionais, como estes:

- Compre uma página no jornal para transmitir sua mensagem.

- Use entrevistas à imprensa para divulgar as notícias e instruções a funcionários.

- Descubra uma forma de o CEO participar de um programa de entrevistas popular no rádio ou na TV para explicar o que está acontecendo.

- Envie as comunicações através de uma filial em uma cidade que não foi afetada pela interrupção.

Como dominar os meios de comunicação 129

> Paul Argenti descreveu como a American Airlines adaptou seus aparelhos Sabre de emissão de bilhetes e informações de voo para se comunicar com a rede mundial de funcionários durante a crise de 11 de setembro. Com os terminais Sabre em cada balcão de passagens e sala de funcionários da American Airlines, o sistema se mostrou um meio eficaz e disponível pelo qual a gerência podia falar diretamente com os funcionários sobre a crise.*

*Ver Paul Argenti, "Crisis Communication: Lessons from 9/11", *Harvard Business Review*, dezembro de 2002, 103-109.

Se eu for solicitado a falar com a mídia, devo falar em off?

Em geral, falar em off é uma prática ruim. Se você não quer ver impressas as declarações que estiver fazendo, é melhor não as fazer. Em raras ocasiões, pode ser útil dar informações dos bastidores, mas isso deve ser feito somente sob circunstâncias extraordinárias.

Se eu tiver importantes informações relacionadas com uma crise para revelar, a quem devo falar primeiro: à mídia, aos funcionários, aos acionistas ou ao público?

Todos devem ser informados ao mesmo tempo. Lembre-se sobretudo de que a informação viaja muito rapidamente hoje em dia. Fale a uma pessoa sobre a crise e a história pode ser noticiada em todo o mundo por e-mail e telefone. Uma vez que cada uma das partes interessadas é extremamente importante e tem o direito de saber, a única solução prática é informar a todos mais ou menos ao mesmo tempo.

Se estou encarregado de uma equipe geograficamente diversa na época de uma crise, devo voltar à sede, onde tenho boas comunicações e equipe de apoio, ou ir para o local da crise?

Esta resposta obviamente depende das circunstâncias, mas em geral é melhor estar na cena da crise. Assim, você ficará em contato direto com a situação e sua evolução a cada hora. Isso também dará a todos uma mensagem clara de que você está preocupado e no comando. Se você precisar de equipes essenciais da sede para ajudarem-no, leve-as com você ou comunique-se com elas por e-mail ou telefone.

Devo declarar publicamente a possibilidade de um resultado ruim de uma dada situação?

Um líder eficaz não pode ser pessimista. Da mesma forma, um bom líder deve ser realista. A maioria das pessoas, em particular os funcionários, prefere saber toda a gama de possibilidades razoáveis a ser surpreendida por um resultado muito ruim. Ao adotar a estratégia de total franqueza, sempre existe a hipótese de notícias boas — algo que é bem-vindo em tempos de crise. Além disso, se você preparar as pessoas para o pior, deixando claro o que de pior pode acontecer, é bem provável que as consequências reais venham a ser melhores do que a maioria espera.

Devo admitir publicamente um erro?

Se um erro foi cometido, a resposta genérica seria sim. É claro que há implicações judiciais que devem ser pesadas nesta atitude. A longo prazo, porém, é melhor reconhecer os erros, porque eles quase inevitavelmente serão descobertos e divulgados. No final das contas, o público tem mais respeito por pessoas e organizações que admitem seus erros do que por aquelas que os escondem.

Em tempos de crise, o porta-voz deve ser o diretor de relações públicas?

Se a crise afeta a corporação como um todo, o porta-voz deve ser o CEO. Só quem está no topo pode ser amplamente reconhecido como detentor de autoridade para falar em nome de toda a organização. Para uma crise restrita a uma parte determinada da corporação, o diretor de relações públicas pode agir como porta-voz da organização.

Como dominar os meios de comunicação 131

Resumo

- A mídia é um dos canais pelos quais você se comunicará com o público e os interessados da empresa; assim, seja franco e preciso, e contextualize suas mensagens da forma como você deseja que elas sejam transmitidas. E dê aos meios de comunicação as informações necessárias para sustentá-las.

- Ignorar a mídia não colocará uma pedra sobre os fatos. Só estimulará os repórteres a desenvolver e contextualizar a história como eles a veem — o que pode não ser de seu agrado.

- Antes de se reunir com a mídia, faça duas coisas: (1) preveja as perguntas que os repórteres provavelmente farão; e (2) faça uma lista de cinco perguntas indesejáveis, e depois esteja preparado para respondê-las.

- Trate os jornalistas com respeito nos bons tempos e eles provavelmente retratarão sua empresa com justiça nos maus tempos.

- Quando desenvolver sua estratégia de comunicação, comece pela segmentação do público. Depois crie mensagens que abordem as preocupações de cada segmento. Por fim, use a mídia mais adequada para chegar a cada segmento.

- Esteja preparado para a possibilidade de que um desastre físico incapacite as linhas de comunicação eletrônica existentes.

- A melhor época para desenvolver uma estratégia de comunicação é antes da ocorrência de uma crise.

Aprendendo com a sua experiência

Pegue as lições onde as encontrar

Principais tópicos abordados neste capítulo

- *Declarando o fim de uma crise*
- *Preparando um documento com o qual as pessoas possam aprender*
- *Aprendendo com as crises e colocando este aprendizado em prática*

Q UANDO UMA PESSOA com dinheiro cruza o caminho de uma pessoa com experiência, a pessoa experiente em geral sai com dinheiro e a pessoa com dinheiro sai com experiência. Uma coisa parecida acontece durante uma crise organizacional. A experiência tem um grande valor. Até a crise mais bem gerenciada pode custar milhões. A experiência da Johnson & Johnson no caso do Tylenol provavelmente custou perto de US$ 700 milhões (em dólares de 2003). Mas, em troca de sua dor, a empresa recebeu o benefício da experiência — se estava atenta e ansiosa por aprender. E essa experiência pode pagar dividendos importantes no futuro. Considere estes exemplos:[1]

- As medidas adotadas pelos inquilinos do World Trade Center depois que um grupo de terroristas estacionou um carro-bomba na garagem subterrânea de uma das torres em 1993 teve o mérito de salvar muitas vidas oito anos depois, quando os terroristas atacaram novamente.

- O furacão Andrew atingiu a costa da Flórida em 1992, causando um recorde de US$ 16,8 bilhões em pedidos de seguros — as perdas mais altas registradas decorrentes de um desastre natural na história dos Estados Unidos. Os pagamentos estimularam as seguradoras norte-americanas a repensar sua abordagem ao compartilhamento de risco e a encontrar formas de reduzir sua exposição.

Aprendendo com a sua experiência 135

Este capítulo dá dicas úteis sobre o encerramento de uma equipe de crises. Explica também como você pode aprender com as crises e usar este aprendizado para evitar e/ou se preparar para situações futuras.

Marque o final de uma crise

A certa altura, alguém com autoridade deve declarar que a crise acabou e que a mentalidade de crise não é mais adequada. Este momento é determinado inteiramente pelas circunstâncias. Eis alguns exemplos:

- Você evitou uma tomada de controle hostil, ou acaba de ser engolido pela Predator Corporation, Inc. De qualquer forma, a crise acabou.

- O processo antimonopólio que ameaçava dividir sua empresa não deu em nada, encerrando a crise.

- Os computadores laptop que se incendiaram aleatoriamente nas pastas das pessoas foram recolhidos e substituídos por um modelo mais seguro. Fim da crise.

- O CEO foi considerado culpado de desfalque e sentenciado a três anos de prisão, onde dará um curso de ética nos negócios. Assim termina um capítulo constrangedor da história da empresa.

O sofrimento e as tribulações um dia chegam a um fim — para melhor ou para pior. O problema é resolvido e a vida volta ao normal. A gerência deve reconhecer e comunicar esta transição da crise para a normalidade.

Eventos momentâneos exigem um senso de encerramento, e a crise nos negócios não é diferente. O líder organizacional declara esse encerramento por meio de uma reunião com toda a empresa, uma transmissão pela web ou por outros meios adequados. Em uma organização de médio ou pequeno porte, o líder deve visitar cada grupo de trabalho. Qualquer que seja o método, ele deve:

136 Gerenciando a crise

- Recapitular a crise, explicando o que aconteceu e por que aconteceu.

- Fornecer um quadro claro e franco de como os problemas foram resolvidos; não encobrir as perdas nem tentar embelezar o resultado além do que a realidade permite.

- Fazer com que todos saibam como estão os negócios a partir de hoje.

- Propor um plano para a volta ao trabalho e os passos seguintes.

- Lembrar as pessoas das metas estratégicas da empresa.

- Estimular todos a darem o melhor de si para seguir em frente.

Se a empresa saiu de sua crise sem muitos danos — ou com uma vitória — considere uma forma de comemoração: um almoço, uma excursão, ou uma tarde livre para os funcionários. E certifique-se de agradecer às pessoas que ajudaram a empresa a enfrentar a tempestade. Mas não é adequado comemorar se alguém foi ferido ou morto durante a crise; um ato em memória da pessoa pode ser mais adequado.

Registre a resposta à crise

Cada crise produz um registro. Observamos anteriormente o valor de documentar a crise e a reação. Dependendo da situação, a documentação pode incluir:

- Uma notificação de descumprimento por parte de um órgão regulamentado do governo.

- Dados de teste de um produto acusado de causar danos.

- O plano de ação da crise.

- Um diário das medidas tomadas.

Aprendendo com a sua experiência

- Cópias dos comunicados da imprensa.

- Recortes de jornais.

- Uma lista de membros da equipe de crise e outros participantes.

- As atas das reuniões da equipe de gestão de crises.

- As contas pagas dos custos incorridos por causa da crise.

- Uma avaliação formal de danos pós-ação.

Estes documentos fazem parte do registro histórico; eles devem ser reunidos e guardados.

Por que se incomodar com a documentação, em especial quando toda a empresa está ansiosa para deixar o passado para trás e voltar aos negócios? O motivo é que a documentação é fonte de aprendizagem, e o aprendizado é o que torna as organizações mais fortes. Veja este exemplo:

Fazia seis anos que uma forte tempestade de inverno paralisara a cidade de Wyethburg, lar da Technodigit Products. Essa tempestade causou um fechamento de cinco dias da sede da empresa e da fábrica, resultando em receitas perdidas, atendimento de pedidos severamente atrasados e enormes custos de horas extras nas semanas que se seguiram.

Hoje, a Technodigit tem um novo elenco. Seu CEO e muitos gerentes seniores foram recrutados de fora, e alguns que ajudaram a gerenciar a crise da neve ainda estão na empresa. A memória institucional desapareceu com o passar dos anos.

Com a aproximação do inverno, o diretor de operações da empresa está ansioso para se preparar para o pior. Será necessário desenvolver um plano de gestão de crise a partir do zero? Felizmente, não. Uma secretária que trabalhou para o predecessor do diretor de operações na época da última emergência de neve trouxe boas notícias. "Temos um grande arquivo em algum lugar por aqui", ela lhe disse. "Alguém fez um registro de tudo o que aconteceu durante a nevasca de 1998. Vou tentar encontrar."

138   Gerenciando a crise

Uma hora depois, a secretária entrega um fichário e uma caixa de documentos com itens que facilitarão o trabalho do diretor de operações, inclusive o plano de ação para a crise da neve de 1998 e um post-mortem *descrevendo tudo o que deu certo e o que não funcionou — com sugestões para a melhoria do plano.*

O executivo desta história poupou um trabalho árduo graças à documentação feita por uma equipe de crise anterior. O melhor de tudo, ele ganhou a experiência de pessoas que enfrentaram uma emergência semelhante no mesmo local. Sua equipe de crise pode ser uma mina de ouro de informações úteis durante crises futuras — mas só se você reunir todos os documentos importantes e guardá-los em formatos acessíveis.

Absorva as lições aprendidas

Muitas empresas gastam milhares de horas-homem em planejamento e milhões de dólares em implementação, mas muito pouco tempo refletindo sobre o que fizeram. Elas não abordam o aprendizado de forma sistemática. Por consequência, perdem grande parte do valor que vem com a experiência. Nem toda organização é assim tão míope. O Exército dos Estados Unidos tem mantido seu Centro para Lições Aprendidas do Exército há décadas. A missão do centro é assimilar o que puder de cada tipo de operação de combate e transformar esta aprendizagem em conselhos práticos que depois são divulgados aos soldados, de manobras urbanas de guerra a quando usar proteção corporal e quando não usar, passando pela eficácia de sistemas de alta tecnologia sob condições adversas de campo, como as vividas no montanhoso Afeganistão.

O centro também olha para fora da experiência do Exército em busca de lições importantes. Um artigo em seu site, por exemplo, documenta e avalia as táticas usadas por rebeldes chechenos na cidade de Grozny e os problemas que as forças russas tiveram para lidar com aqueles insurgentes.

Aprendendo com a sua experiência   139

A maioria dos executivos acredita que está anos-luz à frente dos militares em termos de gerenciamento. Mas o aprendizado de lições é uma área que tem muito a ensinar ao setor privado. E muitos destes ensinamentos podem ser encontrados em operações de equipes de gestão de crises e seus relatos de suporte.

As lições aprendidas devem fazer parte de cada operação de encerramento de uma crise. Os participantes devem se reunir para identificar o que deu certo e o que deu errado. Isso deve acontecer o mais rápido possível depois que a crise tiver passado, enquanto as lembranças estão frescas. Os participantes devem fazer uma lista de seus êxitos, seus fracassos, seus pressupostos injustificados e as atitudes que podiam ter sido tomadas de uma forma melhor. Esta relação deve se tornar parte do registro documentado.

Aqui está uma lista de perguntas que devem ser feitas em uma análise das lições aprendidas:

- Dado o que sabíamos na época, a crise poderia ter sido evitada? Como?

- Quais foram os primeiros sinais de alerta da crise?

- Podíamos ter reconhecido os sinais antes? Como?

- Que sinais de alerta foram ignorados? Quais receberam atenção? (Explique cada resposta.)

- Em que ponto percebemos que estávamos enfrentando uma crise?

- Em que momento preparamos planos de contingência ou uma equipe de crise?

- Fizemos um plano sólido, ou dependemos do improviso?

- Tivemos as pessoas certas na equipe? Se não, quem deveria ter sido incluído?

- Qual foi a natureza de nossas comunicações a diferentes públicos? Com que eficácia foram feitas?

140 Gerenciando a crise

- Qual foi o grau de eficácia de nosso porta-voz?

- Nossa liderança era altamente visível?

- Nossas respostas foram oportunas e adequadas para a situação?

- O que fizemos certo? O que podíamos ter feito melhor?

- Quais foram nossos maiores erros?

- Sabendo o que sabemos agora, como podemos evitar que o mesmo tipo de crise ocorra novamente?

- E a pergunta definitiva: se pudéssemos reprisar todo o evento, o que faríamos de forma diferente?

Estas perguntas não devem ser feitas para castigar nem para alocar a culpa, mas para avaliar o desempenho da equipe de reação e para preparar a organização para o futuro. Reúna informações de todos que participaram de uma forma significativa. Você precisa da história de cada um, mas dê uma atenção especial àquelas pessoas com expertise nas áreas de importância.

Depois de ter reunido as respostas a essas perguntas, extraia as lições. A maior parte deve ser óbvia. Depois, registre-as em uma lista sistemática agrupada por tema (por exemplo, preparação pré-crise, sinais de alerta, comunicações, execução etc.) e organizada de forma similar à Tabela 8.1. Disponibilize esta relação a todas as equipes de projeto subsequentes.

Observação: você pode identificar outras lições de sua experiência usando a "Planilha para absorver o aprendizado da crise" encontrada no Apêndice A. Ela o ajudará a desmembrar os problemas que você enfrentou, como você lidou com eles e o que aprendeu. Usando esta informação, você pode deduzir como evitar a recorrência de um problema similar e/ou como reagir a ele com mais eficácia.

Aprendendo com a sua experiência   141

TABELA 8.1
Lições aprendidas: fechamento da fábrica na nevasca de 2004

	O que funcionou	O que não funcionou	Formas de melhorar
Planejamento pré-crise	• Tivemos a maioria das pessoas certas na equipe • Sabíamos a quem pedir ajuda • Os supervisores sabiam o que fazer	• Parte do plano de emergência climática era obsoleto • Levou tempo demais para ser organizado • Esperamos muito tempo para mandar as pessoas para casa porque o CEO não pôde ser localizado; resultado: muitos ficaram presos nas estradas cobertas de neve • O plano não incluiu um contrato de remoção de neve; resultado: todos os removedores estavam ocupados quando mais precisamos deles	• Atualizar plano a cada seis meses • Contratar antecipadamente removedores de neve para emergências • Simular uma emergência climática uma vez por ano • Dar autonomia ao diretor de operações e ao diretor de RH para agir na ausência do CEO
Sinais de alerta	• Decisões tomadas rapidamente depois que o potencial da nevasca era óbvio	• Não verificamos a previsão do tempo de hora em hora • Não percebemos que outras empresas na cidade já estavam mandando as pessoas para casa	• Prestar mais atenção às previsões meteorológicas
Comunicações	• Boa comunicação com os funcionários; eles sabiam quando sair e quando voltar	• Os clientes foram deixados de fora do circuito; muitos não conseguiram informações sobre seus pedidos por seis dias	• Colocar um espaço de situação de pedidos no web site • Direcionar os clientes para o site através da mensagem gravada de emergência

Pondo o aprendizado em prática

Depois de você ter aprendido as lições de uma crise, integre-as com seus planos e práticas. Uma forma de fazer isso é estabelecer a continuidade dentro das equipes de planejamento e de gestão de crises. Por exemplo, se a empresa acaba de passar por um incêndio grande, certifique-se de que vários veteranos desta crise estejam na equipe de gestão de crise subsequente (pressupondo-se que eles tenham as habilidades certas e tenham se saído bem). Eles trarão a experiência daquela crise anterior e serão fontes de conhecimento para os membros menos experientes da equipe. Este é exatamente o método usado pelas companhias aéreas, que juntam os pilotos mais experientes com copilotos menos experientes.

As crises nos negócios costumam ser onerosas. Mesmo nos melhores casos, criam problemas para as operações e inquietam funcionários e clientes. Os piores casos podem custar bilhões. A única coisa boa que se pode dizer é que elas dão oportunidades para aprender. Aproveite ao máximo estas chances de aprendizado, e você pode impedir ou lidar melhor com a próxima crise que surgir em seu caminho.

Aprendendo com a sua experiência 143

Resumo

• O líder deve anunciar o término da crise, sinalizando portanto que foi reassumido um estado de normalidade. As pessoas precisam deste anúncio para poder seguir em frente.

• Agradeça às pessoas pela ajuda e pela paciência durante a crise. Se o resultado não foi muito prejudicial, comemore.

• Crie um arquivo de todo o material relevante para a crise. A documentação proporciona um registro para o aprendizado futuro.

• No final da crise, faça uma reunião informal para possibilitar que as pessoas falem o que deu certo, o que saiu errado e o que podia ter sido tratado de forma mais eficaz. Faça uma lista sistemática destes pontos aprendidos.

APÊNDICE A

Ferramentas úteis de implementação

Este apêndice contém várias ferramentas que podem ajudá-lo antes, durante e depois de uma crise. Todas as formas são adaptadas de Harvard ManageMentor®, um produto on-line da Harvard Business School Publishing.

1. **Lista de contatos de emergência (Figura A.1).** Este formulário pode ser usado como um plano de contingência em alguns cenários.

2. **30 sinais de alerta de problemas em potencial (Figura A.2).** Use esta lista para identificar os problemas em potencial.

3. **Planilha para absorver o aprendizado com a crise (Figura A.3).** Use este formulário para fixar parte do aprendizado que você, sua equipe, sua divisão ou sua empresa conseguiram com a experiência da crise.

146 Gerenciando a crise

FIGURA A.1
Lista de contatos de emergência

Nome:
Endereço:

Telefone trabalho	Telefone residencial	Celular	E-mail	Número do fax

Nome:
Endereço:

Telefone trabalho	Telefone residencial	Celular	E-mail	Número do fax

Nome:
Endereço:

Telefone trabalho	Telefone residencial	Celular	E-mail	Número do fax

Nome:
Endereço:

Telefone trabalho	Telefone residencial	Celular	E-mail	Número do fax

Nome:
Endereço:

Telefone trabalho	Telefone residencial	Celular	E-mail	Número do fax

Nome:
Endereço:

Telefone trabalho	Telefone residencial	Celular	E-mail	Número do fax

Nome:
Endereço:

Telefone trabalho	Telefone residencial	Celular	E-mail	Número do fax

Observações adicionais

Fonte: Harvard ManageMentor® sobre Gestão de Crises.

Apêndice A: Ferramentas úteis de implementação 147

FIGURA A.2

30 sinais de alerta de problemas em potencial

Perguntas	Sim	Não
1. Sua empresa é uma iniciante nos negócios?		
2. Seu grupo está lançando um novo produto ou novo serviço?		
3. Você está instituindo um novo processo?		
4. Seus negócios estão numa área de rápido avanço tecnológico?		
5. Sua empresa viveu recentemente uma mudança na gerência?		
6. Seu departamento ou a empresa acabaram de passar (ou estão prestes a passar) por uma reorganização significativa?		
7. Os lucros de seu departamento ou de sua empresa estão diminuindo?		
8. Os negócios de sua empresa são muito regulamentados?		
9. Sua empresa depende de um único produto ou serviço?		
10. Sua empresa depende de alguns fornecedores importantes?		
11. Sua empresa depende de alguns (ou um) cliente(s) importante(s)?		
12. Seus sistemas de tecnologia de informação são deficientes?		
13. Sua empresa diversificou recentemente em um novo mercado ou uma nova localização?		
14. A atitude geral de sua divisão ou grupo é arrogante, agressiva e temerária?		
15. As atividades de sua empresa podem causar danos ao ambiente?		
16. Sua empresa carece de sucessores para funcionários essenciais ou de um plano de transição?		
17. Seu departamento ou empresa viveu recentemente um crescimento rápido?		
18. Seu produto ou sua empresa vivem um declínio de participação de mercado?		
19. Sua empresa está em litígio, ou tem disputas com auditores externos?		
20. Sua empresa depende de declarações financeiras obscuras e/ou de contabilidade *pro forma*?		
21. Seus negócios dependem de relações ou propriedade familiares?		
22. Sua empresa é suscetível a desastres naturais?		
23. O crédito de sua empresa é ruim?		
24. Sua divisão ou empresa está vivendo uma alta rotatividade de funcionários ou tendo dificuldades para reter os talentos?		
25. Sua empresa é vulnerável a fraudes?		
26. Você ou sua empresa têm uma alta visibilidade pública?		
27. A força de trabalho de sua empresa tem um relacionamento negativo com a gerência?		
28. Sua empresa está operando em um país política ou economicamente instável?		
29. Sua empresa tem reservas inadequadas de dinheiro?		
30. Seu departamento ou sua empresa usam material perigoso ou produtos de fabricação perigosa?		

Se você marcou "sim" para: **Totais** _____

15 ou mais	Já para a casamata!	10-14	Sua empresa está com problemas.
6-9	Você pode ter problemas em breve.	5 ou menos	Boa pontuação. Tem certeza de que está no mercado?

Fonte: Adaptado de "50 Warning Signs That Your Company May Be in Trouble", de Norman Augustine, Copyright 2002 Norman Augustine. Usado com permissão do autor.

Gerenciando a crise

FIGURA A.3

Planilha para absorver o aprendizado com a crise

Crise ou problema	Medida tomada	O que aprendemos	Ação preventiva
Exemplo: O principal executivo de repente sai para trabalhar em outra empresa.	Corremos em uma busca desorganizada por um substituto.	Estávamos despreparados e não sabíamos quais eram nossos critérios de busca. O processo consumiu tempo demais.	Desenvolver um plano de sucessão para cada cargo-chave na empresa.

Sumário

De que forma lidamos com a crise com eficácia? Como podemos ter certeza de incorporar estas ações positivas em nossos planos de gestão de crises?

De que forma erramos ao lidar com a crise? Quais foram os efeitos negativos de nossos atos? Como podemos melhorar nossa gestão de crises no futuro?

Fonte: Harvard ManageMentor® sobre Gestão de Crises.

APÊNDICE B

Como redigir um comunicado à imprensa

As empresas redigem comunicados à imprensa quando querem anunciar alguma ocorrência significativa ao público em geral: o lançamento de um novo produto, um recall de produto, um acordo judicial, a partida de um executivo sênior, uma promoção importante, o fechamento de uma fábrica e assim por diante. Os comunicados à imprensa são usados também para transmitir notícias negativas, embora sempre de uma forma mais favorável para a imagem pública da empresa. O anúncio à imprensa é uma ferramenta que os gerentes de crises podem usar para se comunicarem com o público em geral.

Nas grandes empresas, esses comunicados normalmente são feitos pelo vice-presidente de comunicações ou pela equipe de relações públicas corporativas. Os gerentes de empresas menores devem redigir e distribuir suas próprias mensagens. Se você é um desses gerentes de pequena empresa, considere estas dicas para a redação de comunicados à imprensa:

- Comece com um título que chame a atenção, para dar aos leitores o quadro geral e criar interesse.

- Torne a mensagem clara e concisa — o ideal é que tenha menos de uma página.

- Desenvolva a mensagem em torno das cinco perguntas fundamentais: quem, o que, onde, por que e quando.

150 Gerenciando a crise

- Procure incluir todas as partes importantes de sua mensagem no primeiro parágrafo.

- Inclua sempre o nome e o telefone de um representante da empresa que a imprensa poderá procurar para obter mais informações.

Aqui está um modelo de comunicado à imprensa:

Gizmo Products, Ltd., 123 Millpond Boulevard
Mississauga, Ontário L5J 1K7, Canadá
Fone (905) 822-6015
Web site: http://www.gizmoproducts.on.ca

PARA DIVULGAÇÃO IMEDIATA

MISSISSAUGA, ONTÁRIO, 3 DE FEVEREIRO DE 2004. A Gizmo Products anunciou o recall de 3.212 compactadores de lixo produzidos e distribuídos pela empresa entre novembro de 2001 e março de 2002. Embora não tenham sido relatadas lesões, a Gizmo descobriu um defeito de fabricação que pode resultar em ferimentos graves se o produto for usado em uma de várias condições incomuns. Todas as unidades recolhidas são modelos "Super Cruncher Deluxe", e foram vendidas por distribuidores em Ontário e no nordeste dos Estados Unidos. Eles trazem o número de série XCV-231 a XCW-547. Os distribuidores da Gizmo Products farão o recall.

"Descobrimos o defeito durante nosso processo contínuo de teste de confiabilidade", diz a CEO da Gizmo, Jane Pelletier. "E embora ele não represente nenhum risco para ninguém que opere o Super Cruncher de acordo com as instruções, o uso inadequado pode resultar em abertura repentina da porta, podendo queimar o operador."

Os distribuidores das unidades para recall entrarão em contato com todos os clientes com uma notificação do problema e uma oferta de

Apêndice B: Como redigir um comunicado à imprensa 151

troca gratuita. O fabricante dividirá os dados de registro de garantia de seu produto com os distribuidores para os propósitos de recall.

A Gizmo Products, sediada em Mississauga, fabrica toda uma linha de compactadores de lixo domésticos, coletadores de lixo de pia e produtos relacionados com dejetos de animais de estimação. Sua caixa autolimpante para gatos, a EverClean®, venceu o prestigioso prêmio 'Better Mouse Trap deste ano do Conselho de Design de Novos Produtos do Canadá (CNPDC).

Para mais informações, entrar em contato com Ian Beaton, vice-presidente de comunicações, no número (905) 734-5321. E-mail: ibeaton@gizmoproducts.ca.

Notas

Introdução

1. Ver Conselho de Investigação do Acidente do Columbia, *Report Volume* 1, 1º de agosto de 2003, 9. Disponível em http://www.caib.us/news/report/volume1/chapters.html.
2. *Ibidem*, p. 8.
3. *Ibidem*, p. 181.

Capítulo 1

1. Descrito ao autor por Laurence Barton, que foi encarregado da gestão de crise da Motorola na época.
2. Ian I. Mitroff e Murat C. Alpaslan, "Preparing for Evil", *Harvard Business Review*, abril de 2003.

Capítulo 2

1. Fonte dos dados estatísticos: "Environmental, Social and Economic Sustainability", web site da 3M, http://www.3m.com/about3m/sustainability/index.jhtml (acessado em 19 de novembro de 2003).
2. Susan Candiottu, "ValuJet 592 Crash to Be Blamed on Oxygen Canisters", CNN Interactive, 15 de novembro de 1996, http://www.cnn.com/US/9611/15/valujet/index.html (acessado em 16 de fevereiro de 2004).

Capítulo 3

1. Os cinco passos relacionados aqui são adaptados com permissão de Harvard ManageMentor® sobre Gestão de Crises (Boston: Harvard Business School Publishing, 2002).
2. Steven Fink, *Crisis Management*, Blackpint.com Edition (Cincinnati: Authors Guild, 2002), 64.

Capítulo 4

1. Carol Hymowitz, "Lessons Learned from Year's Blunders", *Wall Street Journal*, 16 de dezembro de 2003.
2. A Putnam não foi a única a praticar *market-timing*. As investigações feitas pelos reguladores estaduais e federais revelaram muitas empresas de fundos mútuos culpadas da mesma prática. Para mérito deles, os gerentes da Putnam agiram rápida e corretamente admitindo o problema, cooperando com os reguladores federais e estaduais, corrigindo o problema e comunicando-se com seus clientes. Ela também demitiu 15 funcionários e advertiu outros com menor participação no escândalo.
3. Norman R. Augustine, "Managing the Crisis You Tried to Prevent", *Harvard Business Review*, novembro-dezembro de 1995, 147-58.
4. Ver Gregory Watson, *Strategic Benchmarking* (Nova York: John Wiley & Sons, 1993), 129-48.
5. Augustine, "Managing the Crisis", 147-58.
6. Vincent P. Barabba e Gerald Zaltman, *Hearing the Voice of the Markert* (Boston: Harvard Business School Press, 1991), 227-48.

Capítulo 5

1. Laurence Barton, *Crisis on Organizations II* (Cincinnati: Southwestern College Publishing Company, 2001), 8.
2. Richard Boudreaux, "Putin Says He Will Take Complete Responsibility for Kursk Disaster", *Los Angeles Times*, 24 de agosto de 2000.
3. Barton, *Crisis*, 2.

Notas   155

Capítulo 6

1. Paul Argenti, "Crisis Communication: Lessons from 9/11", *Harvard Business Review*, dezembro de 2002, 103-109.
2. *Ibidem*, p. 103-109.

Capítulo 7

1. Steven Fink, *Crisis Management, Blackprint.com Edition* (Cincinnati: Authors Guild, 2002), 90.
2. Estas perguntas e respostas foram adaptadas com permissão de Harvard ManageMentor® sobre Gestão de Crise (Boston: Harvard Business School Publishing, 2002).

Capítulo 8

1. Chris Zook e Darrell Rigby, "How to Think Strategically in a Recession", *Harvard Management Update*, novembro de 2001, 8-9.

Leituras recomendadas

Artigos e notas

ARGENTI, Paul, "Crisis Communication: Lessons from 9/11" *Harvard Business Review*, dezembro de 2002. A absoluta enormidade dos ataques terroristas ao World Trade Center e ao Pentágono rompeu os canais estabelecidos não só entre as empresas e os clientes, mas entre as empresas e os funcionários. As estratégias internas de comunicações de crises de rápida implementação foram criticamente importantes. Neste artigo, executivos de uma gama de setores falam de como suas empresas, inclusive a Morgan Stanley, a American Airlines, a Verizon e o *New York Times*, passaram pela restauração de operações e do moral. A partir de suas entrevistas com estas pessoas, o autor destila várias lições e cada uma delas, segundo ele, pode "servir como marco para qualquer empresa enfrentar uma crise que abale a serenidade, a confiança ou a concentração de seus funcionários".

AUGUSTINE, Norman R., "Reshaping an Industry: Lockheed Martin's Survival Story", *Harvard Business Review*, novembro-dezembro de 1997. Nesta história de bastidores dos efeitos do final da Guerra Fria na indústria, Augustine tira importantes lições sobre o que as indústrias podem fazer para evitar crises e gerenciá-las depois que elas começam.

DUTTON, Jane E., Peter Frost, Monica C. Worline, Jacoba M. Lilous e Jason M. Kanov. "Leading in Times of Trauma", *Harvard Business Review*, janeiro de 2002. As crises — a morte de um líder amado, um desastre natural que mata milhares de pessoas — sempre causam dor emocional que transborda para o local de trabalho, dominando os funcionários. Durante estes tempos, os líderes devem aliviar a angústia e a confusão coletivas dando uma resposta compassiva para toda a empresa. Este artigo explica como. Demonstrando sua própria compaixão, os valores de comunicação da empresa e usando sistemas existentes para mobilizar os recursos necessários, os líderes ajudam os funcionários a encontrar significado no caos e inspirar a ação em meio à agonia. Suas empresas podem se adaptar, e até se superar, em épocas de dificuldade.

FROST, Peter e Sandra Robinson. "The Toxic Handler: Organizational Hero — and Casualty", *Harvard Business Review*, julho-agosto de 1999. Em tempos de crise, quando reinam a amargura e a confusão, um certo tipo de gerente silenciosamente oferece o ombro aos outros, ouve compassivamente — e atenua a dor coletiva da empresa. Estes "manipuladores de toxinas" salvam suas empresas da autodestruição durante épocas traumáticas. Mas seu trabalho é exaustivo, e eles correm o risco de esgotamento. Para manter seus manipuladores de toxinas a postos, você precisa entender exatamente o que eles fazem, mostrar que os aprecia — e ajudá-los a permanecer saudáveis em seu papel inerentemente insalubre.

HARVARD BUSINESS SCHOOL Publishing. "How to Keep a Crisis from Happening", *Harvard Management Update*, dezembro de 2000. Este artigo se concentra no primeiro passo de Norman Augustine para a gestão da crise: a prevenção. A prevenção da crise requer vigilância e atenção. O artigo propõe estes indicadores (1) realize auditorias regulares de crise para identificar as vulnerabilidades da empresa que podem se transformar em crises (por exemplo, várias queixas de clientes podem prenunciar o recall de um produto); (2) solicite informações de funcionários e clientes — seus melhores cães de guarda; (3) compare as práticas de sua empresa com os concorrentes para identificar riscos em potencial; e (4) não deixe que as informações que você reúne acumulem poeira — faça bom uso dela imediatamente.

SMITH, N. Craig, Robert J. Thomas e John A. Welch, "A Strategic Approach to Product Recalls", *Harvard Business Review*, setembro-outubro de 1996. Os recalls de produtos podem destruir marcas e organizações inteiras. Mas uma empresa pode atenuar o impacto negativo de um recall de produto — e até conseguir benefícios. Os autores propõem diretrizes passo a passo para lidar com um recall de produto, da fase de preparação à gestão do recall e à reintrodução do produto depois dele. Para cada fase, os autores explicam como devem ser a política e o planejamento, o desenvolvimento de produto, as comunicações e a logística e informação. Se bem gerenciado, um recall de produto pode transformar problemas em oportunidades

Leituras recomendadas

Livros

BARTON, Laurence. *Crisis in Organizations II*. Cincinnati: Southwestern College Publishing, 2001. Esta obra definitiva e completa apresenta capítulos centrados em temas e fornece pesquisa detalhada e conselhos práticos sobre como prevenir e gerenciar uma crise. Uma análise de mais de quatrocentos desastres permite que o leitor se beneficie do aprendizado daqueles que enfrentaram crises verdadeiras. O conteúdo sobre comunicações com os funcionários é particularmente bom.

BLYTHE, Bruce T. *Blindsided*. Nova York: Portfolio/Penguin Group, 2002. O livro de Blythe abrange os tópicos habituais de gestão de crises mas também inclui várias medidas de ação imediata para diferentes tipos de incidentes, como mortes acidentais no local de trabalho, rebelião civil, inundações, exposição bioquímica e outros.

BURROUGH, Bryan e John Helyar. *Barbarians at the Gate: The Fall of RJR Nabisco*. Nova York: HarperCollins, 1991. Esta história completamente pesquisada revela como o poder, a cobiça e o ego se combinaram para criar uma crise. É um livro de negócios que se lê como um romance de John Grisham. Não só você aprenderá os prós e contras da gestão de crises, como também saberá o que é uma compra alavancada. Ria e aprenda ao mesmo tempo.

FINK, Steven. *Crisis Management: Planning for the Inevitable*. Blackprint.com Edition. Cincinnati, Ohio: Authors Guild, 2002. Um tratamento bem escrito e prático da gestão de crises. Usando vários estudos de caso, Fink identifica as sementes das crises, analisando que erros foram cometidos e como a crise ou foi exacerbada ou contida pelas decisões da gerência.

GROVE, Andrew S. *Only the Paranoid Survive: How to Exploit the Crisis Points That Challenge Every Company*. Nova York: Bantam Books, 1999. O cofundador e presidente do conselho da Intel Corporation divide suas experiências com os altos e baixos da Intel. Ele proporciona um olhar de dentro para o modo como a mudança de cada setor pode afetar uma importante corporação, e explica sua visão para tirar proveito da mudança e da crise em uma linguagem prática e direta.

HARVARD BUSINESS SCHOOL PUBLISHING. *"Harvard Business Review" on Crisis Management*. Boston: Harvard Business School Press, 1999. Esta coletânea de oito ensaios destaca ideias importantes sobre como lidar com situações difíceis, crises e outros temas sensíveis em um ambiente de negócios. Obter as habilidades e ferramentas gerenciais para administrar com eficácia ou evitar estas crises é essencial para a sobrevivência e o sucesso de sua organização. No artigo principal, "Managing the Crisis You Tried to Prevent", Norman Augustine usa sua ampla experiência pessoal em muitas situações executivas para dividir as crises em fases previsíveis, com instruções sobre como lidar com cada uma delas. Outros artigos nesta compilação dão conselhos práticos de pessoas da linha de frente sobre temas como demissões, recalls de produto, demissão de executivos, política de mídia e liderança.

HURST, David K. *Crisis and Renewal: Meeting the Challenge of Organizational Change.* Boston: Harvard Business School Press, 2002. Hurst apresenta uma visão radicalmente diferente de como as organizações evoluem e se renovam. O autor identifica uma interseção de empresas a partir de seus primórdios criativos, passando pela institucionalização de seu sucesso. Usando um modelo de ecociclos organizacionais, ele afirma que os gerentes precisam criar crises deliberadas para preservar suas organizações da destruição e renová-las com criatividade e significado.

MITROFF, Ian I., Christine M. Pearson e L. Katharine Harrington. *The Essential Guide to Managing Corporate Crises.* Oxford: Oxford University Press, 1996. Uma abordagem analítica à gestão de crises, este livro fragmenta a crise em tipos identificáveis e usa árvores de decisão, fluxogramas e outros diagramas para identificar os passos de planejamento e gestão de uma crise. Fornece planilhas valiosas e outras ferramentas para ajudar gerentes ocupados a analisar o risco em potencial em suas organizações.

SILVA, Michael e Terry McGann. *Overdrive: Managing in Crisis-Filled Times.* Nova York: John Wiley & Sons, 1995. Usando muitos estudos de caso, os autores desmontam os mitos comuns sobre as melhores maneiras de lidar com crises e também dão especial atenção a como as culturas corporativas e as habilidades de liderança afetam o resultado de uma crise.

Sobre o consultor

LARRY BARTON é presidente do American College, líder em educação para serviços financeiros e sediado em Bryn Mawr, Pensilvânia, concentrado nos setores de seguro e serviços financeiros. Começou sua carreira como jornalista, escrevendo para o *Boston Globe*, o *New York Times* e outras publicações sobre problemas corporativos; isto o levou a ensinar comunicações gerenciais e gestão de crises na Harvard Business School, no Boston College e na Universidade Penn State de 1985 a 1995. A partir de 1987, começou a dar consultoria a importantes empresas sobre prevenção de crises e gestão de risco. Foi vice-presidente de comunicações e assuntos públicos da Motorola de 1995 a 1999. Ao longo dos anos, prestou consultoria a Exxon Mobil, Disney, Honda, Nike, GoldStar da Coreia e ao Ministério da Informação japonês, entre muitas outras atribuições. Gerenciou mais de trezentos incidentes graves destes clientes, inclusive assassinato em local de trabalho e ameaças a executivos, desfalques, adulteração de produtos, extorsão e vários desastres naturais.

Barton é autor de três livros, inclusive o best-seller *Crisis in Organizations II*. É orador frequente em fóruns de seguro e gestão de risco na percepção pública de corporações durante e após um incidente muito divulgado. Teve seu perfil publicado no *Wall Street Journal* e foi entrevistado pelas maiores redes de televisão globais a respeito da gestão eficaz de crises.

Sobre o autor

RICHARD LUECKE é autor de muitos livros da série Harvard Business Essentials. Mora em Salem, Massachusetts, e é autor ou colaborador de mais de quarenta livros e dezenas de artigos sobre um amplo leque de assuntos relativos à Administração. Possui título de MBA da Universidade de St. Thomas. Contatos com Luecke podem ser feitos pelo e-mail: richard.luecke@verizon.net.

Índice remissivo

acidente, como fonte de crise, 20, 21
adulteração de produtos, 21
aerotransporte, setor de
   fontes potenciais de crise em, 19
   reação a crises no, 58, 69, 129
Alpaslan Murat, 32
American Airlines, canais de comunicação na,
   129
Andrew (furacão), 134
aprendizado da crise, 134
   documentação para, 137-138
   inputs para, 139
   planilha para, 148
   sessões de lições aprendidas, 138-140
   usando resultados de, 142
Argenti, Paul, 109, 129
auditoria da crise, 29
   abordagem sistemática a, 30-31
   input variado para, 29-30
   mentalidade para, 32-33
   planilha para, 32
   propósito de, 43
Augustine, Norm, 77, 80
Aum Shinrikyo, seita, 66

Banco Barings, falência do, 28
Barabba, Vincent, 81
Barton, Laurence, 90
Bell Labs, inovação da, 73

Bhopal, desastre de, 21, 118
biotecnologia, setor de, 25
Blair, Jayson, 45
blecaute de 2003, 22
boatos
   como alerta de crise, 74
   refreamento de, 92-94, 127
bodes expiatórios, evitando, 108
Bolsa de Valores de Nova York, crise na, 46
Boston, escândalo de pedofilia na diocese de,
   26, 75
Bunnell, David, 23

casamata, evitando a mentalidade de, 100
catástrofe natural, como fonte de crise, 20
centros de pesquisa, 81
Challenger, desastre da, 76
Chernobyl, desastre de, 21
Chicago, inundação de, 1992, 20
Chrysler Corporation, 108
Churchill, Winston, 108
ciclo econômico
   crise e, 24-25
   suportando as baixas em, 24
cidadania corporativa, 48
cliente, informação do, como alerta de crise,
   74-75
clima, planejamento de contingência para,
   65

164   Gerenciando a crise

Clinton, Bill, 92
Columbia, desastre do, 9
   causa física do, 9-10
   causas administrativas do, 10
   consequências do, 10-11
comunicação
   aberta ou em off, 128
   com acionistas, 94, 129
   com funcionários, 61
   com representantes da mídia, 118-122,
     128-129
   componentes da, 92
   comunicados à imprensa, 149-151
   contextualização da história, 116-118
   controle de boatos, 92-94, 127
   depois da interrupção do serviço, 128-
     129
   dicas para, 102
   estratégia para, 126, 127
   ética em, 61, 130
   importância da, 91-92, 100-101, 116
   liderança e, 129-130
   lista de contatos de emergência, 146
   planejamento para, 60-61
   segmentação do público, 123-126
   tirando tempo para, 127-128
comunicados à imprensa
   amostra, 150
   dicas de redação, 149
crime violento, planejamento de contingência para, 67
crise
   autoinfligida, 47, 49
   causas de, 10-11
   consequências ampliadas de, 9-10
   definição de, 10
   fim de, 112-113, 135-136
   planejamento para. *Ver* Planejamento de
     contingência

   potencial. *Ver* Potencial, crises em,
   reconhecimento da. *Ver* Sinais de alerta,
   refreamento da. *Ver* Refreamento,
   sinais de alerta de, 72-77
culpa. *Ver* Bodes expiatórios, evitando

Dalkin Shield, 18
departamentos de polícia, funcionários trapaceiros em, 25
desastres ambientais, 21-22
descontinuidades técnicas, 73
documentação
   da reação à crise, 136-137
   de fontes de informação, 102
   importância de, 102-103

eBay, ataques de "negação de serviço" no, 23
Enron, 46
equipe de crises
   formação, 55-57
   importância de, 81
estresse, dicas para reduzir o, 100
ética
   importância da, 48, 49, 110
   nas comunicações, 61
evitação da crise
   dicas para, 48
   exemplos de, 40-43
   resumo do risco em, 42-44
   seguros em, 49-51
   sistematização de, 42-44
   vigilância em, 45-47
Exército dos Estados Unidos, Centro para Li
   ções Aprendidas, 138
Exxon Valdez, desastre do, 91

Fastow, Andrew, 108
FBI, falhas de informação do, 79
Feuerstein, Aaron, 113

Índice remissivo

Fink, Steven, 69
Firestone, reação à crise da, 60-61
forças do mercado, como fonte de crises, 24
Franks, Tommy, 121
fraudes, prevendo e evitando, 33-34
funcionários
    comunicação com, 61
    empoderamento de, 80-81
    reconhecimento da crise e, 76-77
    seguro de vida de, 49-50
    trapaceiros, 26-28
furacão Andrew, 134

General Electric, PCBs e, 22
General Motors, problemas de qualidade na,
    78-79
gestão de crises, 22
    lista de contatos de emergência, 146
gestão de projeto
    definição e fase organizacional, 104
    fase de encerramento, 107
    fase de execução, 106-107
    fase de planejamento, 105
    para crises, 103-104
Giuliani, Rudy, 91, 109
Grasso, Richard, 46

Hearing the Voice of the Market, 81

Iacocca, Lee, 108-109
IBP, Inc., 19
identificação de risco, 33
Igreja, crises na, 26, 74-75
incêndio, planejamento de contingência para,
    62
inspeções, resultados de, como alerta de cri-
    se, 73-74
Intel, chip Pentium da, 77-78
nternet, crises na, 23

Johnson & Johnson
    aprendizado da crise pela, 134
    crise da adulteração do Tylenol, 21, 134
    reação à crise da, 87-88

Kodak, 65
Kursk, desastre do, 90

Lay, Kenneth, 108
Leeson, Nicholas, 28
lições aprendidas, sessões de, 138-140
liderança
    efeitos de falhas de, 111
    para refreamento da crise, 89-91
    para solução da crise, 108-113
    visibilidade de, 91, 108-109, 128-130
lista de contatos de emergência, amostra de,
    146
Luecke, Richard, 23

Malden Mills, falência da, 112
mão de obra, hora de conversar com, 48
Massachusetts, escândalo de desfalque em, 46
Microsoft, 48
    processos antimonopólio contra a, 99
mídia
    comunicações à imprensa, 149-151
    dicas para lidar com, 122
    gerenciamento da mensagem para, 123-
        127
    importância da, 48
    informação da, 118-121, 128-129
    lidando com a, 116-118
    seleção de modos de comunicação, 125-
        127
    minimização, como erro de comunicação, 60
Mitroff, Ian, 32
Monsanto, e safras geneticamente modifica-
    das, 73

166   Gerenciando a crise

Morison, Samuel Eliot, 102
Motorola, crise de acidente causado a, 21

New York Times, escândalo de plágio no, 45

One Equity Partners, 112
orgulho excessivo, 77

padrões de gerenciamento, importância de, 76
pane tecnológica
    crises causadas por, 23-24
    evitando, 48
    medindo a vulnerabilidade a, 24
paramédicos, 86-87
PCBs, 22
Pearl Harbor, bombardeio de, 79
Pentium, chip, 77
petrolífero, setor, fontes potenciais de crise no, 112
planejamento de contingência
    atualização de, 63
    avaliação para, 58-59
    desenvolvimento do plano, 58, 61
    exemplos cotidianos de, 54-55
    fatores em, 54
    formação de equipes para, 55-57
    no início, 64-65
    para crises imprevisíveis, 65-66
    passos para desenvolver, 55
    plano de comunicação em, 60-61, 91-92
    teste do plano, 61-62
    treinando simulações, 66-67
Polaroid, falência da, 112
pontocom, empresas, 24
porta-voz
    escolhendo, 121, 130-131
    papel na crise de, 94
    uso de, 60

potencial, crises em
    avaliando os danos de, 29-33
    classificação das, 34-38
    dicas para identificar, 33
    fontes de, 18-28
    identificação das, 29-34
    sinais de alerta de, 147
processamento de alimentos, setor de, fontes potenciais de crise em, 19
protestante, Reforma, 75
Putin, Vladimir, 90
Putnam Investments, escândalo de *market-timing* na, 76

química, fontes potenciais de crise na indústria, 19, 21

Rawls, Lawrence, 91
refreamento
    definição de, 86
    importância da liderança para, 89-90
    importância da segurança humana para 88-89
    importância da velocidade para, 87-88
    procurando conselhos para, 95
    usando o discernimento em, 94-96
resistência pública, e crise, 73
Romney, Mitt, 111
Rússia, reação ao desastre do Kursk, 89-90

Salt Lake, Comitê Olímpico de, má gestão de 110-111
saúde, desastres relacionados com, 21-22
Scannell, Peter, 76
segmentação do público, 124
seguro
    de interrupção dos negócios, 50-51
    de vida do funcionário, 49-50
seguro de interrupção nas operações, 50-51

Índice remissivo

seguro de vida, 49-50
seguros, setor de, aprendizado de crise por, 134
serviços financeiros, setor de
    fontes potenciais de crise em, 19-20
    funcionários trapaceiros em, 27
sinais de alerta, 72-77
    acompanhamento de, 80-83
    atenção a, 81
    de crises em potencial, 147
    ignorando, 77-79
    reconhecimento de, 82
solução da crise
    causas de, 135
    comemoração de, 136
    comunicação para, 101
    encerramento após, 135-136
    gestão de projeto em, 103-106
    importância de velocidade para, 98-99
    liderança para, 108-113
Sony, negócio de câmera digital da, 67
sucessão, importância de plano de, 49
sumário de risco, 42-44
    amostra, 44

títulos, setor de, funcionários trapaceiros em, 27
Tóquio, ataque com gás no metrô de, 65-66

transistor, desenvolvimento do, 73
trapaceiros, funcionários
    crises causadas por, 27
    exemplos de, 26, 28
treinamento de simulações, para reação à crise, 66-68
3M Corporation, evitação de crise na, 41-42
Tylenol, crise de adulteração do, 21, 87-88
    custo de, 134

Union Carbide, desastre em Bhopal da, 21, 118
United Airlines, Centro de Operações Especiais da, 68-69

valor esperado, função de, 35
ValuJet, voo 592, 46
velocidade
    importância para a solução, 98
    importância para o refreamento, 87-88

World Trade Center, desastre do, 79
    comunicações depois, 128
    efeitos da experiência passada sobre, 134
    liderança presente após, 91, 109
WorldCom, 46

Zaltman, Gerald, 81

Este livro foi composto na tipografia Minion,
em corpo 11/16, e impresso em papel off-set no
Sistema Digital Instant Duplex da Divisão
Gráfica da Distribuidora Record.